Kohlhammer

Soziale Arbeit – kompakt & direkt

Herausgegeben von Rudolf Bieker und Heike Niemeyer

Eine Übersicht aller lieferbaren und im Buchhandel angekündigten Bände der Reihe finden Sie unter:

https://shop.kohlhammer.de/soziale-arbeit-kompakt-direkt

Die Autorinnen

FH-Prof. PD Dr. Mag. Petra Wagner ist seit 2006 FH-Professorin für Psychologie an der Fakultät für Medizintechnik und Angewandte Sozialwissenschaften der FH Oberösterreich. Sie lehrt und forscht in anwendungsbezogenen Feldern der Bildungspsychologie, der Sozialarbeitswissenschaften und Evaluationsforschung. Ihre Forschungsergebnisse sind in zahlreichen internationalen wissenschaftlichen Fachzeitschriften sowie Fachbüchern publiziert (https://pure.fh-ooe.at/de/persons/petra-wagner).

FH-Prof. PD Dr. Mag. Dagmar Strohmeier ist seit 2011 FH-Professorin für Interkulturelle Kompetenz an der Fakultät für Medizintechnik und Angewandte Sozialwissenschaften der FH Oberösterreich und seit 2018 Professor II am Norwegian Centre for Learning Environment and Behavioural Research in Education an der Universität Stavanger, Norwegen. Sie wurde 2014 zur Forscherin des Jahres Oberösterreich nominiert. Von 2021 bis 2023 war sie Präsidentin der European Association for Developmental Psychology (EADP) (https://pure.fh-ooe.at/de/persons/dagmar-strohmeier; http://www.viscprogram.eu/; https://www.eadp.info/).

Petra Wagner
Dagmar Strohmeier

Stärkenorientierte Schulsozialarbeit

Grundlagen, Methoden und Handlungskonzepte

Verlag W. Kohlhammer

1. Auflage 2023

Gesamtherstellung: W. Kohlhammer GmbH, Heßbrühlstr. 69, 70565 Stuttgart
produktsicherheit@kohlhammer.de

Print:
ISBN 978-3-17-042824-9

E-Book-Formate:
pdf: ISBN 978-3-17-042825-6
epub: ISBN 978-3-17-042826-3

Vorwort der Reihenherausgeber*innen

Ergänzend zu klassischen Lehrbüchern geht es in der neuen Reihe »Soziale Arbeit – *kompakt & direkt*« um die vertiefende Bearbeitung spezieller Themen- und Fragestellungen aus der Sozialen Arbeit und ihren Bezugsdisziplinen, z. B. theoretische Konzepte, spezifische Methoden, Arbeitsfelder oder soziale Probleme. *Kompakt und direkt* heißt die neue Reihe, weil sie in der Präsentation der Inhalte auf das konzentriert ist, was Lernende über das ausgewählte Thema wissen und für Studienleistungen und Prüfungen zielgenau aufbereiten können sollten.

Zielgruppen der Reihe sind jedoch nicht nur Studierende im Bachelor- oder Masterstudium, sondern auch Berufseinsteiger*innen und Praktiker*innen, die autodidaktisch oder in Fortbildungen Anschluss an den aktuellen wissenschaftlichen Diskurs halten wollen.

Der fokussierte Zuschnitt der Bände spiegelt sich in einem innovativen Buchformat, das Leser*innen Überschaubarkeit im Umfang und eine gut strukturierte Textpräsentation bietet. Zentrale Sachverhalte werden anhand von Praxisbeispielen und Abbildungen veranschaulicht. Didaktische Elemente wie Begriffserläuterungen, Textcontainer, Reminder, Essentials, kurze Zusammenfassungen, Piktogramme etc. erleichtern das Erfassen, Speichern und Wiederaufrufen der Inhalte.

Die Autor*innen der Bände sind durch ihre wissenschaftliche Expertise ausgewiesen, schreiberfahren und stehen in der Regel mit Studierenden und Praxisfeldern in engem Kontakt.

Rudolf Bieker und Heike Niemeyer, Köln

Zu diesem Buch

»Die Aufgabe des Lebens ist es,
vorwärts zu gehen« (*Samuel Johnson*)

In diesem Buch wird das Konzept einer stärkenorientierten Schulsozialarbeit entwickelt, umfassend dargestellt und für die schulische Praxis aufbereitet. Das Buch wendet sich an Lehrende und Studierende von Bachelor- und Masterlehrgängen der Sozialen Arbeit bzw. verwandter Studienrichtungen, an Lehramtsstudierende aller Richtungen, an in der Praxis tätige Sozialarbeiter*innen sowie an alle Personen, die in Sozial- und Bildungseinrichtungen arbeiten oder sich ganz allgemein mit Aspekten der Stärkenorientierung im Bildungsbereich auseinandersetzen möchten. Es wird im Speziellen als Einführungsliteratur für Bachelor- und Masterstudiengänge der Sozialen Arbeit empfohlen.

Die theoretische Grundlage stellen Menschenbilder und Grundhaltungen, Aufgabengebiete und Kompetenzfelder sowie Kooperation und Interdisziplinarität dar (▶ Kap. 1). Die dargelegte theoretische Fundierung ist maßgeblich für alle weiteren Inhalte in diesem Buch, sodass sämtliche Inhalte auf dieser theoretischen Grundlage basieren bzw. sich systematisch daraus ableiten lassen. Darauf aufbauend werden konkrete Methoden der stärkenorientierten Schulsozialarbeit wie Beratung, Prävention und Intervention sowie Qualitätsentwicklung und Evaluation behandelt (▶ Kap. 2). Kapitel 3 befasst sich mit Handlungskonzepten der stärkenorientierten Schulsozialarbeit (▶ Kap. 3). Dazu zählen Lern- und Selbstregulationskompetenzen, soziale Kompetenzen und Medienkompetenzen. Zur leichteren Lesbarkeit sind alle drei Hauptkapitel ähnlich aufgebaut. Kapitel 4 rundet das Thema der stärkenorientierten Schulsozialarbeit mit Blick auf die Zukunft ab (▶ Kap. 4).

Wir wünschen allen Leser*innen eine spannende Lektüre und würden uns freuen, wenn Sie inspirierende Anregungen in ihren beruflichen und privaten Alltag mitnehmen können.

Linz, Februar 2023
Petra Wagner und Dagmar Strohmeier

Inhalt

1 Grundlagen der stärkenorientierten Schulsozialarbeit

☞ Überblick

In diesem Kapitel werden die grundlegenden Menschenbilder, Grundsätze und Prinzipien der stärkenorientierten Schulsozialarbeit vorgestellt (▶ Kap. 1.1). Die daraus resultierenden Grundhaltungen dienen als handlungsleitend für die daran anschließend vertiefend dargestellten Aufgabengebiete und Kompetenzfelder der stärkenorientierten Schulsozialarbeit (▶ Kap. 1.2). Auch ergeben sich aus diesen Grundhaltungen logische Konsequenzen für die optimale Zusammenarbeit von Schulsozialarbeiter*innen im Kontext Schule als interdisziplinärem Handlungsraum (▶ Kap. 1.3).

1.1 Menschenbilder und Grundhaltungen

Eine stärkenorientierte Schulsozialarbeit baut auf bestimmten Menschenbildern und Grundhaltungen auf. Ein Menschenbild beschreibt Vorstellungen, die eine Einzelperson, eine Gruppe oder eine ganze Fachdisziplin vom Wesen des Menschen hat. Diese Vorstellungen sind so grundlegend, dass sie oft nicht hinterfragt werden. Die bewusste Auseinandersetzung mit dem eigenen Menschenbild bzw. dem Menschenbild einer Gruppe oder einer Fachdisziplin ist jedoch insofern bedeutsam, als die Annahmen, die ein Menschenbild ausmachen, erkenntnisleitend sind. Das bedeutet, dass

Menschenbilder die Wahrnehmung, die Interpretation und die Bewertung von Sachverhalten, d. h. von Vorkommnissen und Dingen in der Welt, beeinflussen. Weil die Reaktion auf einen Sachverhalt maßgeblich davon abhängt, wie dieser wahrgenommen, interpretiert und bewertet wird und diese Wahrnehmungen, Interpretationen und Bewertungen wiederum durch das Menschenbild bestimmt werden, ist es wichtig, sich diese erkenntnisleitenden Vorstellungen bewusst zu machen.

Die stärkenorientierte Schulsozialarbeit, die hier vorgestellt wird, baut auf vier fundamentalen Überlegungen über das Wesen des Menschen auf: (1) der Menschenwürde, (2) der Willensfreiheit, (3) dem persönlichen Wachstum sowie (4) der Sicherung von sozialen Strukturen. Diese vier grundlegenden Überlegungen stellen gleichzeitig auch Entwicklungsziele für Interventionen im Bereich der Schulsozialarbeit dar, weil sie mit vier Grundsätzen verknüpft sind, die sich aus den vier Menschenbildern ableiten lassen: (1) dem Streben nach Gleichwertigkeit, (2) dem Streben nach Autonomie, (3) dem Streben nach Kompetenz und Resilienz sowie (4) dem Streben nach sozialer Eingebundenheit (▶ Tab. 1).

Tab. 1: Menschenbilder und Grundsätze (eigene Darstellung)

Menschenbilder – Entwicklungsziele	**Grundsätze – Prinzipien**
Menschenwürde	Streben nach Gleichwertigkeit
Willensfreiheit	Streben nach Autonomie
Persönliches Wachstum	Streben nach Kompetenz und Resilienz
Sicherung von sozialen Strukturen	Streben nach sozialer Eingebundenheit

In diesem Kapitel werden die wichtigsten Überlegungen zu diesen vier grundlegenden Menschenbildern dargestellt sowie die vier Grundhaltungen erklärt, die konstituierend für eine stärkenorientierte Schulsozialarbeit sind.

1.1.1 Menschenbilder

Die Frage »Was ist der Mensch?« beschäftigt die Menschheit schon seit Jahrtausenden und die Philosophie hat unzählige Antworten auf diese Frage hervorgebracht. Deshalb gibt es keine einfache Antwort. Eine gewisse Einigkeit besteht darin anzunehmen, dass der Mensch ein fühlendes, denkendes und handelndes Wesen ist, das mit einer bedingungslosen Würde ausgestattet ist. Die Menschenwürde wird als so fundamental angesehen, dass sie in den Grund- und Menschenrechten an erster Stelle verankert wurde.

Wesen des Menschen und seine Würde

Das Wesen des Menschen auf seiner *Würde* aufzubauen, bedeutet, dass Menschen trotz ihrer Verschiedenartigkeit grundsätzlich gleich viel wert sind. Es gibt kein Merkmal, das einen Menschen wertvoller macht als einen anderen.

Darüber hinaus ist es wichtig, zwischen Gleichwertigkeit und Gleichheit zu unterscheiden. Selbstverständlich gibt es viele Unterschiede zwischen Menschen, was aber nichts an ihrer grundsätzlichen Gleichwertigkeit ändert. Bei Gleichwertigkeit geht es um den grundsätzlichen Wert eines Menschen, während Gleichheit bzw. Verschiedenheit sich auf unzählige Merkmale beziehen kann, z. B. auf das Geschlecht, das Alter, die Staatsbürgerschaft, das Aussehen, das Temperament, die Persönlichkeit, die Fähigkeiten, die Lebensumstände, das Verhalten etc.

Wenn die Würde des Menschen das grundlegende Fundament seines Wesens bildet, bedeutet das, dass jeder Mensch das Recht hat, mit unbedingtem Respekt behandelt zu werden, ganz egal welche Merkmale und Eigenschaften er*sie hat oder in welchen Lebensumständen er*sie sich befindet. Weil Ungleichheiten jedoch ein strukturierendes Prinzip von sozialen Gruppen und Gesellschaften sind, ist es alles andere als einfach, den Grundsatz der Gleichwertigkeit in der Praxis umzusetzen.

Leitfrage: Woran lässt sich erkennen, dass zwei Menschen, die verschieden sind, gleichwertig behandelt werden?

Eine gleichwertige Behandlung von zwei Menschen, die verschieden sind, ist z. B. dann gegeben, wenn sie in einem Verfahren fair, d. h. nach den gleichen Regeln behandelt werden, z. B. bei Gericht oder in einer Auswahl- oder Bewertungssituation. Eine gleichwertige Behandlung bedeutet nicht unbedingt eine gleiche, also identische Behandlung, weil Fairness auch impliziert, dass die Ausgangssituation berücksichtigt wird. Zwei Personen mit unterschiedlichen Fähigkeiten gleich zu behandeln, ist unter Umständen unfair. Respekt bedeutet, Unterschiedlichkeiten, z. B. verschiedene Ausgangssituationen, zu berücksichtigen und diese nicht zu ignorieren. Eine nicht gleichwertige Behandlung von zwei Menschen ist z. B. dann gegeben, wenn Regeln nicht für alle Personen in gleicher Weise gelten oder wenn diese zum Vorteil einer Person abgeändert werden mit dem Ziel, diese zu bevorzugen.

Wenn man das Prinzip der Gleichwertigkeit in der Praxis umsetzen will, ist es somit von entscheidender Bedeutung, dass Verfahren, d. h. Prozesse, so gestalten werden, dass sie nicht gleiche, d. h. verschiedene Menschen fair behandeln. Ein faires Verfahren benachteiligt Menschen nicht aufgrund bestimmter Merkmale, sondern berücksichtigt diese von Anfang an.

Baut der Mensch sein Handeln auf Würde auf, so ist er bei einem fundamentalen Wert angekommen, der weitreichende ethische und moralische Implikationen hat. Weil Menschen eine Würde haben, sind sie bei aller Verschiedenheit grundsätzlich gleichwertig. Weil Menschen grundsätzlich gleichwertig sind, müssen Abläufe, Prozesse und Verfahren so gestaltet werden, dass sie nicht Menschen mit bestimmten Eigenschaften systematisch benachteiligen und andere aufgrund bestimmter Eigenschaften bevorzugen.

Neben der Würde, die das fundamentalste Prinzip darstellt, gibt es noch weitere Menschenbilder, die einer stärkenorientierten Schulsozialarbeit zugrunde liegen können. Ryan und Deci (2000) haben drei grundlegende Bedürfnisse identifiziert, die erfüllt sein müssen, damit Menschen sich positiv entwickeln: (1) Autonomie, (2) Kompetenz und (3) soziale Verbundenheit. Diese drei Bedürfnisse beschreiben einerseits ein konkretes

Menschenbild und geben andererseits auch Hinweise darauf, welche Prinzipien umgesetzt werden müssen, damit Menschen sich positiv entwickeln, d. h. ihr volles Potential entfalten können und sich infolgedessen wohlfühlen und zufrieden sind.

Wesen des Menschen und Autonomie

Das Wesen des Menschen auf seiner *Autonomie* aufzubauen, bedeutet, dass Menschen grundsätzlich frei sind, Entscheidungen zu treffen und danach zu handeln. Willensfreiheit impliziert auch, dass jeder Mensch für die eigenen Entscheidungen und Handlungen verantwortlich ist.

Autonomie im Sinne von Willensfreiheit, Selbststeuerung und Selbstregulation bedeutet, dass jeder Mensch selbst in letzter Instanz die Kontrolle über die eigenen Entscheidungen und Handlungen hat und dass äußere Umstände oder Zwänge das Verhalten nicht vollständig beeinflussen können. Das Wesen des Menschen als frei zu definieren, hat weitreichende Implikationen. Selbstverständlich beeinflusst das Umfeld menschliches Verhalten und menschliche Entwicklung, weshalb es auch sinnvoll und wichtig ist, Umgebungen zu schaffen, die viele positive Elemente aufweisen und positive Entwicklungsimpulse geben. Autonomie bedeutet jedoch, dass äußere Umstände das Verhalten und die Entwicklung eines einzelnen Menschen niemals vollständig determinieren können, weil der Mensch in letzter Instanz immer selbst entscheidet, welche Impulse er*sie aufnimmt und welche nicht.

Leitfrage: Wie können Umgebungen gestaltet werden, um menschlicher Autonomie gerecht zu werden bzw. diese zu fördern?

Autonomieförderlich sind alle Umgebungen, die Wahlmöglichkeiten aufweisen. Mitsprache- und Wahlmöglichkeiten sind auch zentrale Charakteristika von demokratischen Strukturen. Positive Umgebungen weisen im Idealfall eine Vielfalt von positiven Entwicklungsimpulsen auf. Mitsprache- und Wahlmöglichkeiten erweitern die menschlichen Handlungsspielräume, während Handlungsspielräume von Zwängen eingeengt werden. Menschen unterscheiden sich hinsichtlich ihres Autonomie- bzw. Kontrollempfindens. Es gibt Menschen, die die Verantwortung für ihr Leben und ihre Entscheidungen notorisch in äußeren Umständen oder bei anderen Menschen sehen. Diese Menschen haben das Gefühl, kaum Kontrolle über das eigene Leben oder die eigenen Lebensumstände zu haben, sondern weitgehend von außen bestimmt zu werden. Selbstverständlich gibt es auch Menschen, auf die Zwang ausgeübt wird bzw. deren Freiheit durch andere Menschen oder durch äußere Umstände massiv eingeschränkt wird.

Es ist wichtig, die psychologische Ebene des Autonomieempfindens und Autonomieerlebens von der philosophischen Ebene der Autonomie zu trennen. Akzeptiert man die Idee der Willensfreiheit auf philosophischer Ebene, ist ein Mensch auch dann frei, wenn er sich (gerade) nicht so fühlt, bzw. auch dann, wenn äußere Umstände die Freiheit tatsächlich stark einschränken. Ryan und Deci (2000) gehen sogar so weit, Autonomie als eines von drei menschlichen Grundbedürfnissen zu definieren, die erfüllt sein müssen, damit ein Mensch zufrieden und gesund leben kann. Das zweite Grundbedürfnis laut Ryan und Deci (2000) ist das Kompetenzerleben.

Wesen des Menschen und Kompetenz

Das Wesen des Menschen auf seiner *Kompetenz* aufzubauen, bedeutet, dass Menschen grundsätzlich kompetent, d. h. fähig sind und auch den Wunsch haben, ihre Fähigkeiten im Sinne des persönlichen Wachstums einzusetzen und sich damit weiterzuentwickeln.

Menschen als kompetent zu definieren, beschreibt ein typisches Menschenbild der positiven Psychologie. *Kompetenz* ist eine sich ständig entwickelnde Eigenschaft, die im Wechselspiel zwischen Anforderungen und Bewältigung entsteht. Demzufolge ist Kompetenz eine dynamische Eigenschaft. D. h., es kann vorkommen, dass Anforderungen überfordernd sind und zu einem bestimmten Zeitpunkt nicht bewältigt werden können. Dies ändert jedoch nichts daran, dass eine Person grundlegend kompetent ist, weil sie ihre derzeit vielleicht nicht ausreichende Kompetenz weiterentwickeln kann und sie es zu einem späteren Zeitpunkt schaffen kann, die Anforderung entweder erfolgreich zu bewältigen oder auf andere Weise zu überwinden. Insofern ist das Menschenbild der Kompetenz eng damit verbunden, die Potentiale eines Menschen zu sehen bzw. auf Ressourcen zu achten, die jeder Mensch selbst in der schwierigsten Situation in der Lage ist zu aktivieren.

Das Konzept der Resilienz ist eng mit dem Menschenbild der Kompetenz verbunden. *Resilienz* ist die Fähigkeit von komplexen Systemen (also auch von Menschen), sich auch von schweren Beeinträchtigungen oder Störungen wieder zu erholen und sich danach wieder positiv zu entwickeln (Masten 2014). Die Überwindung oder erfolgreiche Bewältigung von stark überfordernden Anforderungen ist ein Anzeichen von Resilienz. Auch Resilienz ist eine dynamische Eigenschaft, die im Wechselspiel zwischen Person und Umwelt entsteht. Ungar (2011) beschreibt Resilienz als die Fähigkeit eines Menschen, nach dem Auftreten von schweren Beeinträchtigungen oder Störungen Ressourcen zu aktivieren bzw. sich als Gruppe dafür einzusetzen, dass die Beeinträchtigungen oder Störungen ein Ende nehmen.

Leitfrage: Wie können Umgebungen gestaltet werden, um das Kompetenzempfinden von Menschen zu fördern?

Das Kompetenzempfinden von Personen entwickelt sich dann am besten, wenn es zu einer für sie optimalen Mischung zwischen Anforderung und Bewältigungsmöglichkeiten kommt, d. h. wenn sie sich weder über- noch unterfordert fühlen. Menschen, die ihre Kompetenzen weiterentwickeln wollen und nach persönlichem Wachstum streben, suchen sich oft Situationen, die sie ein wenig überfordern, damit sie ihre Fähigkeiten ausbauen können. Der Punkt, der ein wenig (aber nicht zu stark) überfordernd ist, wird Zone der nächsten Entwicklung (Zone of Proximal Development nach Vygotskij 2017) genannt. Dies ist die Zone, in der sich eine Person mit ein wenig Unterstützung am besten entwickeln kann, weshalb sich Lernumgebungen an dieser Zone ausrichten sollten. Das dritte menschliche Grundbedürfnis nach Ryan und Deci (2000) ist die soziale Eingebundenheit.

Wesen des Menschen und Eingebundenheit

Das Wesen des Menschen auf seiner *sozialen Eingebundenheit* aufzubauen, bedeutet, dass Menschen als soziale Wesen von vielfältigen Beziehungssystemen umgeben sind, die im Idealfall dazu beitragen, die sozialen Strukturen zu sichern.

Auch die *soziale Eingebundenheit* kann auf einer philosophischen und einer psychologischen Ebene interpretiert werden. Während das subjektive Gefühl des Ausmaßes der sozialen Eingebundenheit die psychologische Ebene beschreibt, meint die philosophische Ebene die grundlegende Perspektive, d. h. das Menschenbild.

Das sozio-ökologische Entwicklungsmodell, das von Bronfenbrenner (1979) beschrieben wurde, konkretisiert dieses Menschenbild. Demnach ist eine Person in verschiedene soziale Systeme eingebunden, in Mikro-, Meso-, Exo- und Makrosysteme. Mikrosysteme sind alle sozialen Systeme, die eine Person unmittelbar umgeben, z. B. die Familie, die Schule oder die Freund*innengruppe. Mesosysteme beschreiben die Interaktion von zwei Mikrosystemen, z. B. von Familie und Schule. Exosysteme beeinflussen eine Person indirekt, z. B. beeinflusst die Organisation der Schul- und Arbeitszeiten den Tagesablauf von Eltern und Schüler*innen. Makrosysteme sind von einer Person am weitesten entfernt, z. B. die Organisation von Nationalstaaten oder die Globalisierung. Das fünfte System ist das Chronosystem, das bedeutet, dass sich menschliche Entwicklung immer in einem konkreten historischen Zeitfenster abspielt und Veränderungen durch historische Ereignisse (z. B. Kriege) genauso verursacht werden wie durch persönliche Lebensereignisse (z. B. Scheidung der Eltern).

Leitfrage: Wie können Umgebungen gestaltet werden, um die soziale Eingebundenheit von Menschen zu fördern?

Das subjektive Gefühl der sozialen Eingebundenheit wird Menschen von den sie unmittelbar umgebenden Mikrosystemen vermittelt. Menschen, die sich in Familien, Schulen und Gleichaltrigengruppen aufhalten, die sie als emotional positiv wahrnehmen und die dort mindestens eine Person haben, der sie vertrauen und der sie sich anvertrauen können, fühlen sich i.d.R. sozial eingebunden. D.h., eine solche Person zu finden bzw. als Ressource zu aktivieren, ist eine vielversprechende und unmittelbare Strategie. Gleichzeitig ist es auch wichtig, Schwachstellen auf höherer Systemebene (z.B. in den Mesosystemen) zu erkennen.

Ausschlaggebend für dieses Menschenbild ist, dass die Ursachen für Herausforderungen nicht vorrangig in der Person und ihren Merkmalen gesehen und gesucht werden, sondern die komplexen, eine Person umgebenden Beziehungssysteme mitgedacht werden.

1.1.2 Grundhaltungen

Von den beschriebenen Menschenbildern lassen sich eine Reihe von Grundhaltungen ableiten. Grundhaltungen beschreiben Orientierungen des Handelns, die sich in Form von grundlegenden Überzeugungen ausdrücken und situationsübergreifende Leitlinien vorgeben. Für die stärkenorientierte Schulsozialarbeit sind vier Grundhaltungen besonders relevant.

Grundhaltungen für eine Stärkenorientierung in der Schulsozialarbeit

- Fokus auf Potentiale statt Probleme
- Prävention statt Intervention
- Wissenschaftliche Evidenz statt Bauchentscheidungen
- Multiprofessionelle Zusammenarbeit statt Einzelkämpfertum

Der *Fokus auf Potentiale* öffnet einen Möglichkeitsraum, während ein einseitiger Fokus auf Probleme ihn verschließt. Gemeint ist mit dieser Grundhaltung nicht ein naiver Optimismus, sondern eine grundsätzlich offene Haltung, bei der Entwicklung und Lernen das Zentrum bilden, ohne dabei tatsächlich vorhandene Schwierigkeiten ›unter den Teppich zu kehren‹. Es geht also nicht darum, vorhandene Probleme zu ignorieren, sondern gleichzeitig mit dem Problem auch die Potentiale anzusprechen. Das Aufzeigen dieser Potentiale ermöglicht es, die Schwierigkeiten in der Zukunft zu überwinden. Eine objektiv identische Situation ändert sich fundamental, je nachdem ob sie in Form eines Potentials oder eines Problems wahrgenommen, interpretiert und verbalisiert wird.

Leitfrage: Welche Wörter verwenden wir, wenn wir Klient*innen (Kinder und Jugendliche) beschreiben?

Als Laie erkennt man Vertreter*innen einer stärkenorientierten Schulsozialarbeit an ihrer Sprache, d. h. an der Wahl ihrer Wörter. Es handelt sich um Schulsozialarbeiter*innen, die ihre Klient*innen positiv, d. h. in Form von Entwicklungspotentialen beschreiben, ohne dabei die vorhandenen Herausforderungen zu bagatellisieren.

Praxisbeispiel: Fokus auf Potentiale statt auf Probleme

Alexander tut sich schwer, mit seiner Wut umzugehen (Fokus auf Problem). Er muss noch besser lernen, nicht gleich herumzuschreien, wenn er wütend ist, sondern sich zuerst zu beruhigen, wenn er wütend ist, und dann erst zu handeln (Fokus auf Potential).

Edvana hat Angst etwas Falsches zu sagen, wenn sie von der Lehrerin etwas gefragt wird (Fokus auf Problem). Sie muss noch stärker das Gefühl bekommen, dass sie in der Gruppe sicher ist, ganz egal ob sie einen Fehler macht oder nicht (Fokus auf Potential).

Wenn Erwachsene, d. h. Lehrkräfte oder Schulsozialarbeiter*innen, Kinder und Jugendliche mit einer positiven, d. h. ihre Potentiale sehenden Sprache beschreiben, ändert sich die Sichtweise auf die Situation. Eine positive Perspektive, die sich in einer wertschätzenden und positiven Sprache ausdrückt, öffnet einen Entwicklungsraum, während eine negative Perspektive, die sich in einer aburteilenden Sprache ausdrückt, diesen verschließt. Stärkenorientierte Schulsozialarbeiter*innen achten daher darauf, wie sie sprechen. Dies erscheint auf den ersten Blick einfach, die Umsetzung in der Praxis ist es aber nicht immer, weil wir oft selbst in sozialen Umfeldern aufgewachsen sind, die aburteilen, und dieses Muster unreflektiert übernehmen. Es ist eine lebenslange Aufgabe, diese Gewohnheiten zu durchbrechen und eine Balance zwischen dem klaren Ansprechen eines real vorhandenen Problems bei gleichzeitigem Aufzeigen des positiven Entwicklungsraums zu finden.

Der *Fokus auf Prävention* ermöglicht es, dass Schwierigkeiten erkannt und behoben werden, noch bevor sie nachhaltig negative Konsequenzen nach sich ziehen. Um das Prinzip der Prävention in der Praxis umzusetzen, ist das vorausschauende Erkennen von Risikofaktoren und die Antizipation von möglichen Konsequenzen erforderlich. Um Prävention in der Praxis umzusetzen, sind sowohl ein fundiertes Fachwissen als auch die Bereitschaft, rechtzeitig einzugreifen, erforderlich. Fachkräfte warten aus unterschiedlichen Gründen oft auf den Ernstfall, bevor sie handeln. Eine präventive Haltung erfordert einerseits das Fachwissen und andererseits die Sensibilität, um Vorzeichen einer ungünstigen Entwicklung zu erkennen, aber auch den Willen und den Mut, auf diese zu reagieren, noch bevor die Situation eskaliert.

Leitfrage: Was hindert uns daran, nicht abzuwarten, sondern Probleme zu vermeiden, noch bevor sie entstehen?

Es gibt viele Ursachen, die uns daran hindern, rechtzeitig einzugreifen, d. h. präventiv zu handeln. Präventives Handeln bedeutet, man tut etwas noch bevor ein Problem überhaupt aufgetreten ist bzw. noch bevor sich eine Herausforderung zu einem gravierenden Problem entwickelt hat. Die Ursachen dafür, weshalb die Mehrheit der Menschen nicht präventiv handelt, liegen auf verschiedenen Ebenen: (1) Blindheit, (2) Ignoranz, (3) fehlendes Verantwortungsgefühl und (4) fehlende alternative Handlungsoptionen.

Blindheit bedeutet, dass man das in der Zukunft auftretende Problem nicht wahrnimmt, d. h., es fehlt einem die Sensibilität und/oder das Wissen zu erkennen, dass ohne einen Kurswechsel eine Problemsituation mit hoher Wahrscheinlichkeit auftreten wird. *Ignoranz* bedeutet das Fehlen der vorausschauenden Vorwegnahme der Konsequenzen des Nicht-Handelns bzw. das Herunterspielen möglicher Konsequenzen des Nicht-Handelns. *Fehlendes Verantwortungsgefühl* bedeutet, dass man das Problem zwar wahrnimmt und auch erkennt, dass es notwendig wäre zu handeln, aber darauf hofft oder wartet, es möge jemand anderes etwas tun. D. h., anstatt sich zu überlegen, was man selbst ganz konkret machen kann, um das Problem zu verhindern, tut man nichts oder zu wenig, weil man glaubt, es liegt nicht im eigenen Verantwortungsbereich und man selbst kann ohnehin nichts machen, um das Problem zu verhindern. *Fehlende Handlungsoptionen* bedeutet, dass man weder blind noch ignorant ist und sich auch persönlich verantwortlich fühlt, aber nicht genau weiß, was konkret man jetzt machen sollte, um zu verhindern, dass das Problem in der Zukunft auftritt. Möglich ist auch, dass man weiß, was konkret zu tun wäre, die eine konkrete Handlungsoption aber aktuell nicht umsetzbar ist und man keine weiteren Ideen hat, was man sonst noch machen könnte.

Alle vier Ursachenkomplexe lassen sich lösen, wenn man bereit ist, die eigenen Hindernisse zu erkennen. Wenn man in einem Umfeld arbeitet, das präventiv eingestellt ist, ist es leichter, als wenn man in einem Umfeld arbeitet, dem diese Haltung weitgehend fehlt. Selbstverständlich gibt es manchmal gute Gründe, nicht präventiv zu handeln. Es gibt aber i. d. R. selten gute Gründe, dauerhaft bzw. grundsätzlich nicht präventiv zu handeln.

Praxisbeispiel: Prävention statt Intervention

Die Covid-19-Pandemie ist ein Beispiel dafür, dass man durch Präventionsmaßnahmen Schlimmeres verhindern kann. Im März 2020 waren die globalen Lock-Downs die einzige zur Verfügung stehende präventive Maßnahme, um die rasche Verbreitung des Covid-19-Virus zu verhindern und damit schwere Krankheitsverläufe und Todesfälle zu vermeiden. Ein Jahr später war es neben dem Social Distancing die Impfung, die mitgeholfen hat, dass schwere Verläufe und Todesfälle bei der großen Mehrheit der geimpften Menschen verhindert werden konnten. Da Prävention bedeutet, dass der Ernstfall gar nicht erst auftritt, ist es nicht möglich zu wissen, wie dieser genau ausgesehen hätte. Alle wissenschaftlichen Erkenntnisse weisen jedoch darauf hin, dass beide Maßnahmen – Social Distancing und Impfung – eine massive Überlastung der Gesundheitssysteme verhindert bzw. der Mehrheit der Menschen ernste Krankheitsverläufe bzw. Todesfälle erspart haben.

Den *Fokus auf wissenschaftliche Evidenz* zu legen, bedeutet, dass fachliche Entscheidungen aufgrund von wissenschaftlich begründetem Wissen und nicht aufgrund von Bauchentscheidungen gefällt werden. Es geht nicht darum, Bauchentscheidungen pauschal abzuwerten, sondern es geht darum, sich nicht blind auf sie zu verlassen, weil sie für verschiedenste Verzerrungen anfällig sind. Wenn es um Entscheidungen mit weitreichenden Konsequenzen geht, sind Transparenz, Nachvollziehbarkeit und Begründbarkeit wichtige Qualitätskriterien. Wissenschaftliche Evidenz liefert diese Begründungen, weil wissenschaftliches Wissen systematisch gewonnen wurde und der Weg, der zu einer wissenschaftlichen Erkenntnis führt, genau und nachvollziehbar beschrieben wird. Wissenschaftliche Evidenz weist sich auch dadurch aus, dass es sich um replizierbares Wissen handelt. D. h., mehrere und unabhängige Forscher*innengruppen sind mit verschiedenen Methoden und Ansätzen zu gleichen Ergebnissen gekommen. Aus diesem Grund ist es wichtig, dass Schulsozialarbeiter*innen über ein grundlegendes Verständnis verfügen, wie wissenschaftliche Evidenz entsteht. Ein solches Fachwissen hilft auch dabei, die Güte wissenschaftlicher Evidenz einzuschätzen.

Leitfrage: Mit welchem Wissen begründen wir unsere professionellen Entscheidungen?

Eine professionelle Haltung unterscheidet sich von einer privaten Meinung dahingehend, dass Fachkräfte in der Lage sein müssen, Entscheidungen und Vorgehensweisen fachlich zu begründen. Fachwissen entsteht durch wissenschaftliche Evidenz. Wissenschaftliche Evidenz beruht auf grundlegenden theoretischen Vorannahmen und auf empirisch gewonnenen Daten. Wenn wir unsere eigenen professionellen Entscheidungen begründen sollen, muss uns beides bewusst sein: (1) unser theoretischer Standpunkt und (2) die empirischen Daten, die unseren theoretischen Standpunkt stützen. Fachwissen allein mit empirischen Daten zu rechtfertigen, reicht nicht aus, weil alle empirischen Ergebnisse mit Blick auf theoretische Grundannahmen interpretiert werden müssen und daher für sich allein keine objektiven Sachverhalte darstellen. Es ist ein Zeichen von hoher Professionalität, beides – den eigenen theoretischen Standpunkt und die relevanten empirischen Belege – benennen zu können. Selbstverständlich ist es möglich, dass sich beides über die Zeit verändert. Es ist möglich, dass man einen theoretischen Standpunkt aufgeben muss, weil er sich empirisch nicht bewährt. Es ist auch möglich, aufgrund von neuen empirischen Erkenntnissen zu einem anderen oder erweiterten theoretischen Standpunkt zu kommen. Die Bereitschaft, den eigenen fachlichen Standpunkt durch neue theoretische und empirische Erkenntnisse zu verändern, ist ein Zeichen von hoher Professionalität.

Praxisbeispiel: Nutzung wissenschaftlicher Evidenz

Jakob kommt zu einer Schulsozialarbeiterin, weil seine Klassenlehrerin die Schulsozialarbeiterin gebeten hat, mit ihm über sein Internetverhalten zu reden. Die Schulsozialarbeiterin bereitet sich auf das Gespräch vor, indem sie überlegt, welche Arbeitshypothesen sich aus wissenschaftlichen Studien über das Internetverhalten von 16-jährigen Jungen ableiten lassen. Sie entscheidet sich für diese Vorgehensweise, weil sie mithilfe dieses Wissens einen Stichwortzettel mit Themen vorbereiten kann, die sie im Gespräch mit Jakob sinnvollerweise ansprechen sollte.

Den Fokus auf *multiprofessionelle Zusammenarbeit* zu legen ist wichtig, um mit komplexen Herausforderungen angemessen umgehen zu können. In Anbetracht komplexer Herausforderungen ist es nicht realistisch anzunehmen, dass es eine Person allein schaffen kann, die Herausforderung angemessen zu analysieren und zu bearbeiten. Stattdessen macht es Sinn, sich als kleine Gruppe bzw. in einem Team, das komplementäre, aber gleichwertige Kompetenzen aufweist, mit einem Problem oder Thema zu beschäftigen. Eine solche Zusammenarbeit ist dann am zielführendsten, wenn die verschiedenen Stärken der jeweiligen Teammitglieder allen bewusst sind und wenn es nicht eine Disziplin (oder Person) gibt, die die anderen dominiert.

Leitfrage: Welche Bedingungen müssen erfüllt sein, damit es möglich wird, in einem multiprofessionellen Team zu besseren professionellen Entscheidungen zu kommen als allein?

Erfolgreiche und effektive multiprofessionelle Teams weisen bestimmte Eigenschaften auf. Eine wichtige Voraussetzung dafür ist, dass alle Teammitglieder eine offene Haltung haben und grundsätzlich in der Lage sind, komplementäre Meinungen anzuerkennen. Es gibt Menschen, denen diese Haltung schwerfällt, weil sie bspw. glauben, dass sie allein im Besitz der allgemeingültigen Wahrheit sind, oder weil sie die Tendenz haben, andere Personen in der Gruppe abzuwerten. Solche Menschen haben dann oft den Wunsch, eine Gruppe zu dominieren, was dazu führt, dass die Zusammenarbeit erschwert wird. Es ist also wichtig, zu Beginn einer multidisziplinären Zusammenarbeit die gemeinsamen Regeln zu besprechen und sich darüber zu einigen, wie in der Gruppe kommuniziert werden soll und wie Entscheidungen gefällt werden sollen. Dies ist i. d. R. die Aufgabe der Teamleitung. Es gibt aber auch Teams, die keine offizielle Leitung haben. In diesem Fall wird eine solche Initiative von einem Teammitglied ausgehen. I. d. R. funktioniert eine multiprofessionelle Teamarbeit dann, wenn es klare Zielsetzungen, klare Kommunikationsabläufe und klare Ergebnisse bzw. Entscheidungen gibt. Wenn alle Teammitglieder das Gefühl haben, an einer sinnvollen Sache mitzuarbeiten, die in einem offenen, wertschätzenden und gut strukturierten Setting erarbeitet wird, ist es i. d. R. möglich, sehr gute (evidenzbasierte) und kreative Lösungsvorschläge für komplexe Probleme gemeinsam zu erarbeiten.

Praxisbeispiel: Multiprofessionelle Zusammenarbeit statt Einzelkämpfertum

In einer Schulklasse ist ein Mobbingvorfall aufgetreten. Die Klassenlehrerin erfährt davon, weil eine besorgte Mutter ihr erzählt, dass ihr Kind von einer Gruppe anderer Schüler*innen seit über drei Monaten ausgegrenzt, beleidigt und verletzt wird. Aufgrund der Erzählungen der Mutter ist klar, dass die Klassenlehrerin handeln muss. Was wird sie tun, um sicherzustellen, dass das Mobbing unverzüglich beendet wird?

Es gibt im Idealfall mehrere Optionen: (1) Sie kann sich mit den anderen Lehrkräften, die auch in der Klasse unterrichten und denen sie vertraut, über den Vorfall austauschen. (2) Sie kann die Schulleitung, die Schulsozialarbeit und/oder den schulpsychologischen Dienst miteinbeziehen. (3) Es gibt an der Schule einen Handlungsleitfaden, der genau diese Vorgehensweise – eine multiprofessionelle Vorgehensweise – vorschlägt.

1.2 Aufgabengebiete und Kompetenzfelder

Kinder und Jugendliche werden daran gemessen, ob sie bestimmte von der Gesellschaft normativ vorgegebene Entwicklungsziele erreichen oder nicht. Dabei stellt die Bewältigung der schulischen Herausforderungen eine der wichtigsten und prägendsten Bewährungsfelder dar (Fend 2005). Eine erfolgreiche Schulbildung ermöglicht einerseits Entwicklungschancen und geht andererseits mit der Bewältigung von bestimmten Entwicklungsaufgaben einher. Diese betreffen die Entwicklung von fachlichen (gegenständlichen), emotionalen und sozialen Kompetenzen. Dazu zählen bspw. der Erwerb der Kulturtechniken (Lesen, Schreiben, Rechnen), der Erwerb einer grundlegenden Allgemeinbildung, Aufrechterhaltung der Leistungsmotivation, Interesse an schulischen Lernanforderungen, konstruktive Konfliktbewältigung.

Entwicklungsaufgaben

Das Konzept der Entwicklungsaufgaben stammt ursprünglich von Havighurst (1972) und beruht darauf, dass Entwicklungsaufgaben Lernaufgaben darstellen, die sich über die gesamte Lebensspanne erstrecken. Es handelt sich um Aufgaben, die in einem bestimmten Lebensabschnitt erfolgreich bewältigt werden sollten, um damit in einer Gesellschaft bestehen zu können. Das Konzept dient insbesondere dafür, die Bedürfnisse von Kindern und Jugendlichen besser zu verstehen und damit den Umgang mit ihnen zu erleichtern. Selbstverständlich sind die Inhalte bzw. das Timing von Entwicklungsaufgaben abhängig vom konkreten historischen Kontext bzw. auch von den konkreten sozio-kulturellen Umgebungen. Bspw. hat sich das Timing verschiedener normativer Entwicklungsaufgaben (z. B. Eintritt in die Berufstätigkeit, Eingehen einer intimen Beziehung) seit 1972 verändert bzw. sind neue Entwicklungsaufgaben dazugekommen wie z. B. der Umgang mit digitalen Medien. Obwohl Entwicklungsaufgaben normativ sind, sind sie auch dynamisch und verändern sich über die Zeit bzw. in Abhängigkeit der sozio-kulturellen Gruppe, in der ein Kind oder ein*e Jugendliche*r aufwächst bzw. sich befindet.

An dieser Stelle setzt die stärkenorientierte Schulsozialarbeit an. Ihre primäre Aufgabe ist es, Schüler*innen bei der Bewältigung ihrer alterstypischen Entwicklungsaufgaben zu unterstützen. Ganz generell stellt Schulsozialarbeit als ein Handlungsfeld der Sozialen Arbeit ein breit angelegtes Unterstützungs- und Bildungsangebot für Kinder und Jugendliche im Schulsystem dar.

1.2.1 Aufgabengebiete

Mit Blick auf die Fachliteratur findet man keine einheitliche Definition von Schulsozialarbeit und damit einhergehend auch keine genau definierten Aufgabengebiete. Diese inhaltliche Breite wird bereits anhand der verwendeten Begriffsvielfalt im Kontext von Schulsozialarbeit deutlich. Es wird zwar mehrheitlich der Begriff »Schulsozialarbeit« verwendet, jedoch findet man sowohl in der Fachliteratur als auch in der Praxis sehr unterschiedliche Begriffe für die in Schulen angebotene Sozialarbeit.

In Schulen angebotene Sozialarbeit – unterschiedliche Begriffe

Speck (2020, 35 f.) listet die im deutschsprachigen Raum am häufigsten verwendeten Begrifflichkeiten auf, dazu zählen u. a. Berufsschulsozialarbeit, Sozialarbeit an berufsbildenden Schulen, Jugendsozialarbeit in Schulen, Jugendarbeit an Schulen, Schoolworker, schulalltagsorientierte Sozialpädagogik, schulbezogene Jugendhilfe, schulbezogene Jugendsozialarbeit, Sozialarbeit an Schulen, sozialpädagogische Fachkräfte an Gesamtschulen, sozialpädagogisches Handeln in der Schule.

Die Vielzahl der verwendeten Begriffe ist durch die unterschiedliche historische Entwicklung, die heterogene Entstehungsgeschichte in den einzelnen deutschsprachigen Regionen sowie die unterschiedlichen Konzeptionen, Zielsetzungen, Angebote und Zielgruppenorientierungen von Schulsozialarbeit zu erklären. Resultierend aus der gemeinsamen Verantwortung von Schule und Sozialer Arbeit für die Angebote an Schulen plädiert Speck (2020) für die Verwendung des Begriffs »Schulsozialarbeit«, weshalb sich auch dieses Lehrbuch auf diese Begrifflichkeit stützt.

Leitfrage: Inwieweit lässt sich die Relevanz der Stärkenorientierung von Schulsozialarbeiter*innen aus bereits vorhandenen Definitionen von Schulsozialarbeit ableiten?

Die Österreichische Gesellschaft für Soziale Arbeit (OGSA 2018) definiert Schulsozialarbeit folgendermaßen:

> »Schulsozialarbeit ist ein dauerhaft an einer Schule integriertes niederschwelliges Unterstützungsangebot, das Kinder, Jugendliche und junge Erwachsene in ihrem Entwicklungsprozess bei einer gelingenden Lebensbewältigung professionell begleitet. Dafür kooperiert sie mit Lehrkräften, Erziehungsberechtigten sowie weiteren sozialen und bildungsbezogenen Einrichtungen und fungiert als Schnittstelle zu den außerschulischen Lebenswelten. Durch kontinuierliche Beziehungsangebote an die Zielgruppen können Problemstellungen bereits im Vorfeld erkannt und Unterstützung in einem möglichst frühen Stadium gewährleistet werden. Handlungsleitend dafür sind insbesondere Beziehungsorientierung, niederschwellige Erreichbarkeit, Freiwilligkeit, Ressourcen- und Systemorientierung. Die Förderung der Kompetenzen von Kindern und Jugendlichen, gerade zur Stärkung der individuellen Bewältigungsstrategien und der persönlichen Bildungsperspektiven, steht neben dem Abbau von Benachteiligungen im Vordergrund.«

Darüber hinaus stellt die OGSA (2018) einen expliziten Bezug zu den Prinzipien der UN-Kinderrechtskonvention her und weist darauf hin, dass Schulsozialarbeit darauf abzielt, »die Lebens-, Bildungs- und Entwicklungsbedingungen und -chancen von Kindern und Jugendlichen zu verbessern«. Ähnlich sieht es Drilling (2009, 95), indem er als Zielsetzung von Schulsozialarbeit betont, dass es darum geht, »Kinder und Jugendliche im Prozess des Erwachsenwerdens zu begleiten, sie bei einer für sie befriedigenden Lebensbewältigung zu unterstützen und ihre Kompetenzen zur Lösung von persönlichen und/oder sozialen Problemen zu fördern«.

Speck (2020, 44) beschreibt Schulsozialarbeit – ähnlich wie die OGSA – anhand einer sehr breit angelegten Definition:

> »Unter Schulsozialarbeit wird ein Angebot der Jugendhilfe verstanden, bei dem sozialpädagogische Fachkräfte kontinuierlich am Ort Schule tätig sind und mit Lehrkräften auf einer verbindlich vereinbarten und gleichberechtigten Basis zusammenarbeiten, um junge Menschen in ihrer individuellen, sozialen, schulischen und beruflichen Entwicklung zu fördern, dazu beizutragen, Bildungsbenachteiligungen zu vermeiden und abzubauen, Erziehungsberechtigte und LehrerInnen bei der Erziehung und dem erzieherischen Kinder- und Jugendschutz zu beraten und zu unterstützen sowie zu einer schülerfreundlichen Umwelt beizutragen.«

Anhand der hier vorgestellten Definitionen zeigen sich einige wesentlichen handlungsrelevanten Maximen für Schulsozialarbeiter*innen: (1) Schulsozialarbeiter*innen sind an der Schule örtlich eingebunden. (2) Sie kooperieren mit Lehrkräften und Erziehungsberechtigten. (3) Sie unterstützen Kinder und Jugendliche bei der Bewältigung ihrer altersabhängigen Entwicklungsaufgaben. (4) Die Früherkennung von Problemlagen und Förderung der Kompetenzen von Kindern und Jugendlichen nimmt einen wesentlichen Stellenwert ein. Anhand dieser Maximen ergibt sich ein klar erkennbarer Auftrag einer stärkenorientierten Haltung von Schulsozialarbeiter*innen.

Leitfrage: Welche Aufgabengebiete bzw. Prinzipien ergeben sich für Schulsozialarbeiter*innen in der Praxis resultierend aus einer stärkenorientierten Haltung?

Zur Veranschaulichung einer stärkenorientierten Haltung von Schulsozialarbeiter*innen in der Praxis werden die sechs Grundprinzipien für Schulsozialarbeiter*innen von Drilling (2009) herangezogen:

1. *Ressourcenorientierung:* Schulsozialarbeiter*innen arbeiten ressourcenorientiert. D. h., sie unterstützen stärkenorientiert Schüler*innen bei der Bewältigung bzw. Linderung von Problemen – resultierend aus der Lebenswelt der Schüler*innen – und sind dabei geleitet von ganzheitlichen Lösungsprozessen. Sie fördern und stärken die Fähigkeiten der Schüler*innen mit dem Ziel, dass diese ihr Selbstvertrauen stabilisieren und sich in ihrer Lebenswelt selbstwirksam erleben. Ausgehend vom Prinzip der Ressourcenorientierung gilt es, die Stärken und Potentiale der Schüler*innen zu identifizieren, zu fördern und lösungsorientiert nutzbar zu machen, aber auch bei Bedarf Barrieren im Umfeld abzubauen bzw. Ressourcen im Umfeld zu aktivieren.
2. *Beziehungsarbeit:* Ressourcenorientierung ist eng verbunden mit Beziehungsarbeit. Eine tragfähige Beziehung zwischen Schulsozialarbeiter*innen und deren Zielgruppen ist eine grundlegende Voraussetzung dafür, dass die Unterstützungsangebote auch angenommen werden. Beziehungsarbeit beschränkt sich dabei nicht nur auf die primäre Zielgruppe der Schüler*innen, sondern erstreckt sich auch auf die Lehrkräfte, Erziehungsberechtigten sowie sämtliche systemrelevante Kooperationspartner*innen.
3. *Methodenkompetenz:* Um aufbauend auf eine tragfähige Beziehung zwischen Schulsozialarbeiter*innen und deren Zielgruppen Lösungsprozesse zu initiieren, spielt die Methodenkompetenz von Schulsozialarbeiter*innen eine wichtige Rolle. Das Methodenrepertoire von Schulsozialarbeiter*innen sollte breit gefächert sein und von Beratung über Gruppenarbeit bis hin zur Gemeinwesen- und sozialraumorientierten Arbeit reichen (▶ Kap. 2).
4. *Prävention:* Die Angebote von Schulsozialarbeiter*innen lassen sich in primär-, sekundär- und tertiärpräventive Angebote unterteilen. Primäre Prävention leisten Schulsozialarbeiter*innen durch präventive Maßnahmen, die sich an alle Schüler*innen richten, z. B. in Form von Projektarbeit oder Workshops in Schulklassen zu spezifischen Themen wie Diversität, Umgang mit sozialen Medien, Konfliktbewältigung, Dro-

gen- und Suchtprävention. Im Rahmen der sekundären Prävention verfolgen Schulsozialarbeiter*innen das Ziel, Problemen, die bereits aufgetreten sind, jedoch noch nicht eskaliert sind, in Form von Früherkennung bzw. Frühbehandlung präventiv entgegenzuwirken, z. B. anhand von Einzelfallhilfe. Tertiäre Prävention findet bspw. durch Kriseninterventionen statt (▶ Kap. 2.2).

5. *Systemorientierung:* Ganz generell sollte die stärkenorientierte Schulsozialarbeit einen systemorientierten Ansatz verfolgen. D. h., Schulsozialarbeit ist nicht ausschließlich auf Schüler*innen fokussiert, sondern bezieht das gesamte soziale System mit ein. Dabei spielt Kooperation und Vernetzung eine wichtige Rolle (▶ Kap. 1.3): Kooperation mit den Lehrkräften und Erziehungsberechtigten der Schüler*innen, Vernetzung mit bildungsbezogenen Einrichtungen und außerschulischen Systempartner*innen (z. B. Kinder- und Jugendhilfe).
6. *Prozessorientierung:* Darüber hinaus spielt auch die Prozessorientierung im Rahmen einer stärkenorientierten Schulsozialarbeit eine wesentliche Rolle. Sie trägt in Form eines fortlaufenden Beratungs- und Betreuungsprozesses wesentlich zur Nachhaltigkeit der gesetzten Maßnahmen bei.

Insgesamt liefern die von Drilling (2009) entwickelten Grundprinzipien einen systematischen Rahmen, der dazu beiträgt, die stärkenorientierte Haltung von Schulsozialarbeiter*innen in der Praxis sichtbar zu machen. Es wird jedoch auch deutlich, dass Schulsozialarbeiter*innen dafür ein breit gefächertes Kompetenzprofil und Handlungsrepertoire benötigen.

1.2.2 Kompetenzfelder

Leitfrage: Welche Kompetenzen benötigen Schulsozialarbeiter*innen für die Umsetzung einer stärkenorientierten Schulsozialarbeit?

Als Grundlage für die Entwicklung eines stärkenorientierten Kompetenzmodells für Schulsozialarbeiter*innen wird das Kompetenzmodell für

Schulsozialarbeiter*innen von Stüwe, Ermel und Haupt (2015) herangezogen (▶ Tab. 2).

Tab. 2: Kompetenzen von Schulsozialarbeiter*innen (aus: Stüwe, Gerd, Ermel, Nicole & Haupt, Stephanie (2015): Lehrbuch Schulsozialarbeit. Weinheim: Beltz, 49)

Theorie- und Wissenskompetenz	Basiswissen
Methodenkompetenz	Handlungsfähigkeit
Kompetenz für Konzeptentwicklung und Projektmanagement	Orientierungswissen
Persönlichkeitskompetenz Forschungskompetenz	Reflexionsfähigkeit

Schulsozialarbeiter*innen arbeiten an der Schnittstelle von Sozialer Arbeit im Sinne der Kinder- und Jugendhilfe und dem System Schule. Dies erfordert sowohl Basiswissen aus der Fachdisziplin der Sozialen Arbeit als auch Kenntnisse über das jeweilige Bildungs- und Beschäftigungssystem. Die Handlungsfähigkeit erfordert eine adäquate Methodenkompetenz. Hier geht es darum, methodische Kenntnisse basierend auf wissenschaftlichen Kriterien praktisch umzusetzen. Orientierungswissen ist ebenfalls ein wesentlicher Aspekt der Schnittstellenarbeit von Schulsozialarbeiter*innen. Projektmanagement ist insbesondere dann gefordert, wenn es gilt die Bedürfnisse der unterschiedlichen Zielgruppen von Schulsozialarbeit (Schüler*innen, Erziehungsberechtigte, Lehrkräfte) zu verstehen und passende bzw. maßgeschneiderte Präventions- und Interventionskonzepte für die an die Schulsozialarbeit herangetragenen Frage- und Problemstellungen zu entwickeln. Reflexionsfähigkeit ist die Voraussetzung dafür, Zugang zum eigenen professionellen Handeln zu bekommen und dieses mit Blick auf die eigene Motivation, die Rolle im gesellschaftlichen Handlungskontext (Berufsrolle) sowie gemäß ethischer und moralischer Maßstäbe (Berufsethik) zu reflektieren. Insbesondere in einem Arbeitskontext mit unterschiedlichen Berufskulturen (Sozialarbeit vs. Schule) sowie Zielgruppen- und Aufgabenüberschneidungen (Schulsozialarbeiter*innen vs. Lehrkräfte) ist die Reflexion des eigenen Handlungsanspruchs und der damit verbundenen Werte und Normen wesentlich (▶ Kap. 1.3). Stüwe, Ermel und Haupt (2015, 51) fassen die Kompetenzen im sozialarbeiterischen Handeln anhand von drei Dimensionen zusammen: Wissen, Können und Haltung (▶ Tab. 3).

Da auch eine auf Stärkenorientierung ausgelegte Schulsozialarbeit ein grundlegendes Basis-, Handlungs- und Orientierungswissen in Bezug auf die Zielgruppen von Schulsozialarbeit (Schüler*innen, Erziehungsberechtigte, Lehrkräfte) sowie Wissen über die institutionellen und gesetzlichen Rahmenbedingungen im schulischen Kontext erfordert, liefert dieses allgemeingültige Kompetenzmodell von Stüwe, Ermel und Haupt (2015) eine fundierte Basis für ein stärkenorientiertes Kompetenzmodell für Schulsozialarbeiter*innen. Neben diesem Grundlagenwissen (Basis-, Handlungs- und Orientierungswissen) benötigen stärkenorientierte Schulsozialarbeiter*innen jedoch auch ein spezifisches Wissen über die Konzepte einer stärkenorientierten Schulsozialarbeit. Dieses Wissen in die Praxis umzusetzen, stellt eine weitere Kompetenzebene dar. Dies kann jedoch nur dann gelingen, wenn Schulsozialarbeiter*innen die stärkenorientierten Grundhaltungen so weit verinnerlichen, dass sie handlungsleitend für ihr professionelles Handeln werden. Dazu ist eine permanente Reflexion ihrer eigenen Rolle, Werte und Normen erforderlich.

Tab. 3: Stärkenorientiertes Kompetenzmodell für Schulsozialarbeiter*innen (eigene Darstellung)

Wissen	Grundlagenwissen Wissen um Konzepte zur Stärkenorientierung
Können	Handlungskompetenz
Haltung	Reflexion der stärkenorientierten Grundhaltungen

1.3 Kooperation und Interdisziplinarität

Zur Bewältigung der schulischen Herausforderungen stehen Lehrkräften im deutschsprachigen Raum unterschiedliche interne und externe Unterstützungssysteme zur Verfügung. Dazu zählen in Abhängigkeit vom Schulstandort u. a. der schulärztliche und schulpsychologische Dienst, spezialisierte Lehrkräfte (z. B. Beratungs- und Betreuungslehrer*innen), Jugendcoaching und/oder Schulsozialarbeiter*innen. Anhand dieser nur beispielhaft genannten Akteur*innen wird deutlich, dass in der Schule des 21. Jahrhunderts nicht mehr ausschließlich Lehrkräfte an der Schule tätig sind, sondern eine Vielzahl an unterschiedlichen fachlichen Professionen zum Wohle der Schüler*innen interagieren und zusammenarbeiten. Die Qualität dieser multiprofessionellen Zusammenarbeit bzw. Kooperation – beide Begriffe werden in diesem Lehrbuch synonym verwendet – hängen u. a. von der Kooperationsbereitschaft und dem Vernetzungsgrad der einzelnen Akteur*innen ab. Kooperation und Vernetzung können einerseits förderlich für die Problemlösung und für die fachliche Horizonterweiterung sein, bedürfen andererseits aber auch einer entsprechenden Toleranz und Offenheit gegenüber den Konzepten und Zugängen anderer Professionen.

Auf die grundlegende Bedeutung von Kooperation für Schulsozialarbeiter*innen weisen bereits die Definitionen von Schulsozialarbeit hin (▶ Kap. 1.2). In der Definition der OGSA (2018) wird explizit die Notwendigkeit der Kooperation von Schulsozialarbeiter*innen mit Lehrkräften, Erziehungsberechtigten und weiteren sozialen und bildungsbezogenen Einrichtungen genannt. Drilling (2009) hebt im Speziellen die Wichtigkeit der Kooperation von Schulsozialarbeiter*innen mit den Lehrkräften hervor. Mit speziellem Blick auf die stärkenorientierten Grundhaltungen (▶ Kap. 1.1) wird deutlich, dass die Qualität einer multiprofessionellen Zusammenarbeit einen wesentlichen Schlüssel dafür darstellt, einen sozialarbeiterischen Prozess optimal zu gestalten bzw. gesetzte Entwicklungsziele auch tatsächlich zu erreichen.

1.3.1 Kooperationsmodelle

Leitfrage: Was ist unter Kooperation zu verstehen?

Mit Blick auf die Interdisziplinarität grenzt Preger (2008) auf einer allgemeinen Ebene drei unterschiedliche Konzepte voneinander ab, nämlich Multidisziplinarität, Transdisziplinarität und Interdisziplinarität. *Multidisziplinarität* bedeutet, dass verschiedene Disziplinen sich mit unterschiedlichen Fragestellungen befassen, ohne dabei in Verbindung oder in Beziehung zueinander zu stehen. Beim *interdisziplinären Handeln* verfolgen einzelne Akteur*innen ein gemeinsames Ziel und stehen in engem Austausch miteinander. Sie betrachten einerseits die zu behandelnde Materie weiterhin aus unterschiedlichen fachlichen Blickwinkeln, sind jedoch andererseits über die Entwicklungen in den anderen Disziplinen so weit informiert, dass es gelingt, ihre eigenen Aktivitäten danach auszurichten und gemeinsam abzustimmen. Es sollte ein Austausch von Konzepten und Vorgehensweisen stattfinden. D. h., Interdisziplinarität ist dadurch gekennzeichnet, dass sich Professionen gegenseitig ergänzen, anregen und bei Bedarf auch korrigieren. *Transdisziplinarität* ist bestimmt durch das gemeinsame Agieren von unterschiedlichen Professionen. Die Professionen planen ihre Angebote gemeinsam und gegenseitige Anregungen verschmelzen in den inhaltlichen und methodischen Konzeptionen (▸ Tab. 4; Goll 1996).

Tab. 4: Konzepte der Kooperation (eigene Darstellung)

Multidisziplinarität	Nebeneinander planen – Nebeneinander handeln
Interdisziplinarität	Miteinander planen – Nebeneinander handeln
Transdisziplinarität	Miteinander planen – Miteinander handeln

Leitfrage: Welche Form der Kooperation ist in einer stärkenorientierten Schulsozialarbeit anzustreben?

Betrachtet man diese grundlegenden Konzepte von Kooperation mit Blick auf die stärkenorientierte Schulsozialarbeit, so weist der Fachdiskurs eindeutig darauf hin, dass in der Kooperation zwischen Schulsozialarbeiter*innen und Lehrkräften die Transdisziplinarität anzustreben ist. Die Kooperation sollte von einer gegenseitigen Unterstützung, einem partnerschaftlichen Austausch, einer Wertschätzung füreinander, einer Kompromissbereitschaft und dem Bewusstsein, dass eine gemeinsame Zieldefinition sowie die unterschiedlichen disziplinären Zugänge zur Zielerreichung einen Mehrwert für die Lösung der Probleme darstellen können, gekennzeichnet sein. In der Fachliteratur wird zwar häufig von interdisziplinärer Zusammenarbeit gesprochen (z. B. Drilling 2009; Hostettler et al. 2020; Speck 2020), doch bei genauerer Betrachtung treffen die beschriebenen Merkmale eher auf die Transdisziplinarität im Sinne von Preger (2008) zu.

Diese für eine erfolgreiche Kooperation wesentlichen Grundhaltungen werden im Modell der interdisziplinären Kooperation von Bronstein (2003) anhand von fünf Merkmalen veranschaulicht (▶ Tab. 5). Bronstein definiert interdisziplinäre Zusammenarbeit als zwischenmenschlichen Prozess, der das Erreichen von Zielen ermöglicht, die von Akteur*innen einer einzelnen Profession allein nicht erreicht werden können.

Tab. 5: Modell der interdisziplinären Kooperation (Bronstein 2003; entnommen aus Hostettler et al. 2020, 80 © hep Verlag)

Interdependenz	Gegenseitige Unterstützung, Interaktion, Kommunikation, Respekt
Gemeinsame Ziele	Definition und Akzeptanz, gemeinsame Ziele, Verantwortung für Zielerreichung
Flexibilität	Kompromissbereitschaft bei Uneinigkeit, kreativer Umgang mit eigener Rolle
Neue gemeinsame professionelle Aktivitäten	Neue Strategien, Programme, Strukturen für gemeinsame Leistungserbringung
Reflexion des Arbeitsprozesses	Austausch über bzw. Feedbacks zur Zusammenarbeit, Überprüfung des Prozesses

Leitfrage: Wie kann Kooperation in einem multiprofessionellen Umfeld optimal gelingen?

Anhand der bisherigen Forschung bezüglich der in der Praxis umgesetzten Formen von Zusammenarbeit von Schulsozialarbeit und Schule können unterschiedliche Kooperationsmodelle identifiziert werden (▶ Tab. 6). Dabei wird am häufigsten auf die Kooperationsmodelle von Wulfers (1996) und deren Weiterungen von Seithe (1998) verwiesen (z. B. Drilling 2009; Hostettler et al. 2020; Speck 2020; Wagner & Kletzl 2013).

Wulfers (1996) unterscheidet zwischen drei Kooperationsmodellen: Distanzmodell, Integrations- bzw. Subordinationsmodell und Kooperationsmodell. Seithe (1998) erweiterte diese Basismodelle durch jeweils zwei Submodelle. Sie differenziert beim Distanzmodell zwischen dem additiv-destruktiven und dem additiv-konstruktiven Modell, beim Integrations- bzw. Subordinationsmodell zwischen dem Modell der Hilfslehrkraft und dem Modell der sozialpädagogischen Schule, beim Kooperationsmodell zwischen dem kooperativ-konstitutiven und kooperativ-sporadischen Modell.

Tab. 6: Kooperationsmodelle von Schulsozialarbeit (Wagner & Kletzl 2013, 7)

Kooperationsmodelle von Wulfers (1996)	Erweiterungen von Seithe (1998)
Distanzmodell	Additiv-destruktives Modell Additiv-konstruktives Modell
Integrations- und Subordinationsmodell	Integratives Modell 1 – Sozialpädagogische Schule Integratives Modell 2 – Hilfslehrkraft-Modell
Kooperationsmodell	Kooperativ-konstitutives Modell Kooperativ-sporadisches Modell

Im *Distanzmodell* wird Schulsozialarbeit als zusätzliches Hilfssystem in der Schule implementiert. Es findet keine Kooperation zwischen Schule und

Schulsozialarbeit statt, sie agieren getrennt voneinander. Die Vorteile des Distanzmodells liegen darin, dass sowohl Schulsozialarbeit als auch Schule ein Höchstmaß an Autonomie beibehalten können. Das Distanzmodell erschwert es jedoch den Schulsozialarbeiter*innen, auf schulische Probleme der Jugendlichen vertiefend einzugehen und Schulentwicklung aktiv mitzugestalten.

Innerhalb des Distanzmodells unterscheidet Seithe (1998) zwei additive Modelle. Im *additiv-destruktiven Modell* haben Schulsozialarbeiter*innen und Lehrkräfte keine Berührungspunkte, verbunden mit einer überwiegend distanzierten und misstrauischen Haltung, die vermehrt in der Implementierungsphase von Schulsozialarbeit an einem neuen Schulstandort wahrnehmbar sein kann. In einem additiv-destruktiven System verändert sich diese Haltung jedoch nicht und bleibt nachhaltig bestehen. Im *additiv-konstruktiven Modell* gibt es ebenfalls keine Berührungspunkte, jedoch besteht zwischen den beiden Professionen eine gegenseitig akzeptierende Haltung. Die Vorteile im additiv-konstruktiven Modell liegen darin, dass es mit wenig Aufwand umsetzbar ist und die Zuständigkeiten klar geregelt sind. Aufgrund der Nicht-Notwendigkeit einer gegenseitigen Anpassung trägt dieses Modell wenig zu einer strukturellen schulischen Weiterentwicklung bei.

Im *Integrations- bzw. Subordinationsmodell* ist Schulsozialarbeit im System Schule eingegliedert. Dieses Modell findet sich häufig dann, wenn die Trägerschaft von Schulsozialarbeit direkt bei der Schulbehörde liegt. Als wesentliches Merkmal dieses Modells gilt die Unterordnung der Schulsozialarbeiter*innen gegenüber den Forderungen und Erwartungen der Lehrkräfte. Das *Modell der sozialpädagogischen Schule* nach Seithe (1998) entspricht im Wesentlich dem von Wulfers (1996) definierten Integrationsmodell in Form einer vollständigen Einbindung der Sozialarbeiter*-innen in die Schule, verbunden mit einer hohen Kontaktdichte und kommunikativen Transparenz und Kooperation zwischen den schulischen Akteur*innen. Das *Modell der Hilfslehrkraft* nach Seithe (1998) entspricht in allen Merkmalen jenen des Subordinationsmodells von Wulfers (1996). In diesem Modell nimmt die Schulsozialarbeit eine Hilfsfunktion ein. Sie wird durch die Schule beauftragt, unterstützend zu wirken, bspw. in Form von Pausenaufsicht, Supplier-/Vertretungsstunden, Betreuung von Schüler*innen, die den Unterricht stören. Die Kontaktdichte ist auch in diesem

Modell hoch, jedoch verläuft die Kooperation i.d.R. einseitig und nicht partnerschaftlich. Die Möglichkeiten der Schulsozialarbeiter*innen, sozialpädagogische Ziele und Arbeitsschritte zu definieren sowie ein eigenständiges Angebotsprofil zu entwickeln, sind eingeschränkt.

Das *Kooperationsmodell* erscheint ideal für die Umsetzung einer stärkenorientierten Schulsozialarbeit. In diesem Modell tragen sowohl Schulsozialarbeiter*innen als auch Lehrkräfte in gleicher Weise zur Problemlösung bei. Die Kooperation ist gekennzeichnet durch eine hohe Intensität, Transparenz, und Kontaktdichte. Noch deutlicher herausgearbeitet wird diese idealtypische Zusammenarbeit im *kooperativ-konstitutiven Modell.* In diesem Modell wird Kooperation von beiden Seiten als zentrales Merkmal definiert. Es gilt als Modell, das für alle Beteiligten (Schulsozialarbeit, Schule, Schüler*innen, Erziehungsberechtigte) den höchsten Nutzen und die größte Wirksamkeit aufweist. Im Gegensatz dazu zeichnet sich das *kooperativ-sporadische Modell* dadurch aus, dass die Zusammenarbeit sowohl von Schulsozialarbeiter*innen als auch von Lehrkräften als wichtig erachtet wird, jedoch nur in gewissen Bereichen aktiv angestrebt wird. Als Beispiel nennt Seithe (1998) fallbezogene Absprachen.

Kennzeichen einer auf Stärkenorientierung ausgelegten Kooperation zwischen Schulsozialarbeiter*innen und Lehrkräften

Die Kooperation ist gekennzeichnet durch:

- gegenseitige Unterstützung und Respekt füreinander,
- einen hohen Informationsaustausch mit dem Ziel, gemeinsame professionelle Aktivitäten (Strategien, Programme) zu entwickeln,
- eine hohe Flexibilität und Reflexionsfähigkeit.

Exkurs: Kooperativ-konstitutive Zusammenarbeit von Schulsozialarbeiter*innen, Lehrkräften und Schuleiter*innen in der Praxis

Im Rahmen einer landesweiten Studie in der deutschsprachigen Schweiz untersuchten Hostettler et al. (2020) u. a. die Frage, in welchem Ausmaß Schulsozialarbeit im schulischen Umfeld als gleichberechtigte und unabhängige Partnerin wahrgenommen wird. Dazu wurden Schulsozialarbeiter*innen, Lehrkräfte und Schuleiter*innen befragt. Alle drei befragten Gruppen sehen überstimmend eine Gleichberechtigung und Unabhängigkeit von Schulsozialarbeit als grundlegend gegeben an. Im direkten Vergleich der drei Gruppen zueinander zeigten sich jedoch Unterschiede. Schulleiter*innen und Schulsozialarbeiter*innen sind im Vergleich zu den Lehrkräften eher der Meinung, dass Schulsozialarbeit eine unabhängige und gleichberechtigte Institution im schulischen Kontext darstellt. Obwohl die Lehrkräfte hier im Mittel den niedrigsten Wert aufweisen, konnte in dieser Gruppe der höchste Zusammenhang zwischen wahrgenommener interdisziplinärer Kooperation und gleichberechtigter Partnerschaft nachgewiesen werden. Laut Hostettler et al. (2020, 108) weist dieses letztgenannte Ergebnis darauf hin, dass Gleichberechtigung und Unabhängigkeit in der Professionswahrnehmung förderlich für die Qualität der Zusammenarbeit sind. Sie sehen darin eine Bestätigung der dem Kooperationsmodell zugeschriebenen Vorteile im Vergleich zum Subordinationsmodell.

Sowohl Schulsozialarbeiter*innen als auch Lehrkräfte benötigen für eine auf Stärkenorientierung ausgelegte Kooperation professionsübergreifende Kompetenzvoraussetzungen bzw. ein entsprechendes Kompetenz-Portfolio. Zur Veranschaulichung dieser Voraussetzungen wird das Modell der Professionalität von Lehrkräften herangezogen. Dieses Modell sieht fünf professionsübergreifende Kompetenzfelder als zentral an, um die Qualität von Schule nachhaltig zu verbessern: (1) Reflexions- und Diskursfähigkeit, (2) Professionsbewusstsein, (3) Personal Mastery, (4) Kollegialität, (5) Differenzfähigkeit im Sinne der Fähigkeit zum Umgang mit Unterschieden (Schratz et al. 2008) (► Tab. 7).

Tab. 7: Kompetenzvoraussetzungen für eine gelingende interdisziplinäre Kooperation von Lehrkräften und Schulsozialarbeiter*innen (eigene Darstellung)

Kompetenzfelder	Teilkompetenzen für die interdisziplinäre Kooperation
Reflexions- und Diskursfähigkeit	• Kennen und Anwenden von Kommunikationstheorien • Kennen und Anwenden von wissenschaftlichen Grundlagen des Feedbackgebens • Kennen und Anwenden von Reflexionsmethoden • Erkennen von Konfliktpotentialen und konstruktives Bearbeiten von Konflikten • Bewusstsein bezüglich des eigenen Selbstwerts und der Selbstwirksamkeit
Professionsbewusstsein	• Verfügen von forschungsbasierter Handlungskompetenz unter Berücksichtigung der Schulpraxis • Erkennen und Klären der verschiedenen Rollen als Individuum im System Schule • Bewusstsein bezüglich der eigenen Modellfunktion • Kennen der Freiheit und Grenzen der eigenen Profession • Evaluative Haltung und Akzeptanz von Selbst- und Fremdevaluation
Kollegialität	• Aktives Anstreben von Interaktion und Kommunikation • Pflegen einer offenen Gesprächskultur • Konstruktives Bearbeiten von Konflikten • Geben eines konstruktiven, fachlich kompetenten Feedbacks
Personal Mastery	• Entwickeln und Zeigen von Empathie • Konstruktiver Umgang mit Kritik • Wahrnehmen von persönlichen Grenzen und Achten auf die eigenen Ressourcen • Verstehen der Persönlichkeitsentwicklung als lebenslangen Prozess

Diese Kompetenzfelder sind nicht nur für Lehrkräfte von Relevanz, sondern lassen sich auch auf die interdisziplinäre Kooperation von Schulsozialarbeiter*innen und Lehrkräften übertragen. Basierend auf diesen Kompetenzfeldern können unterschiedliche Teilkompetenzen als wichtige Voraussetzungen für eine gelingende interdisziplinäre Kooperation identifiziert werden.

1.3.2 Herausforderungen in der interdisziplinären Kooperation

Leitfrage: Welche Hindernisse und Herausforderungen ergeben sich im Rahmen der Kooperation von Schulsozialarbeiter*innen und Lehrkräften?

Jenseits der vorhandenen Chancen und Potentiale, die eine interdisziplinäre Kooperation mit sich bringt, ist diese auch mit Hindernissen und Herausforderungen verbunden. Speck (2020) liefert sieben Erklärungsansätze für Herausforderungen in der interdisziplinären Kooperation von Schulsozialarbeiter*innen und Lehrkräften (Wagner & Kletzl 2013):

1. *Getrennte Entwicklung:* Das Bildungswesen und die Jugendhilfe nahm seit den 1920er Jahren eine getrennte Entwicklung. Dies hat dazu geführt, dass sich in beiden Systemen unterschiedliche gesellschaftliche Funktionen, institutionelle Strukturen, rechtliche Grundlagen und Methoden etablierten.
2. *Zielgruppen- und Aufgabenüberschneidungen:* Zielgruppen- und Aufgabenüberschneidungen ergeben sich u. a. dadurch, dass Schulsozialarbeiter*innen und Lehrkräfte eine gemeinsame Zielgruppe, nämlich Kinder und Jugendliche, fördern und unterstützen. Sofern auf beiden Seiten keine berufliche Handlungssicherheit und Kooperationsbereitschaft existiert, ist eine Konkurrenzsituation erwartbar.
3. *Berufskulturelle Unterschiede:* Zwischen Schulsozialarbeiter*innen und Lehrkräften existieren berufskulturelle Unterschiede. Die Tätigkeit der Lehrkräfte findet primär allein in einem Klassenraum statt. Die Notwendigkeit einer Kooperation mit anderen Berufsgruppen kann als Einmischung verstanden und damit als bedrohlich empfunden werden.

Darüber hinaus wird Kooperation mit anderen Berufsgruppen nicht als Kernaufgabe ihrer Lehrtätigkeit verstanden, im Gegensatz zur Schulsozialarbeit, bei der aufgrund ihres ganzheitlichen Anspruchs Kooperation mit anderen Berufsgruppen eine elementare Handlungsprämisse darstellt.

4. *Hierarchisches und machtbesetztes Kooperationsverhältnis:* Die Zusammenarbeit zwischen Schulsozialarbeiter*innen und Lehrkräften ist strukturell durch ein Hierarchie- und Machtgefälle geprägt. Faktoren wie unterschiedliche gesellschaftliche Anerkennung, Gehaltsunterschiede oder Ungleichgewicht in der personellen Besetzung – ein*e Schulsozialarbeitende tritt gegenüber einem Kollegium von Lehrkräften an einer Schule auf – spielen hier eine Rolle.
5. *Differierende Organisationsstrukturen und Settings:* Das Bildungssystem ist gekennzeichnet durch festgelegte Lehrpläne, enge gesetzliche, meist bundesweite Rahmenbedingungen und Vorgaben in Bezug auf Zuständigkeit und Leistungserbringung. Dem Gegenüber weist die Jugendhilfe eine Vielfalt an freien Trägern sowie ein wesentlich höheres Maß an Flexibilität in der Gestaltung der Angebote auf.
6. *Verzerrte Wahrnehmungen und Interpretationen:* Eine verzerrte Wahrnehmung und Vorurteile gegenüber der jeweils anderen Profession können dazu beitragen, dass die Zusammenarbeit beeinträchtigt wird. Dies kann auch zu einer gegenseitigen, wenig förderlichen Konkurrenzsituation führen.
7. *Ausbildungsdefizite:* Die Ausbildung beider Professionen erfolgt i. d. R. völlig getrennt. Diese fehlendenden Kontakte bereits während der Ausbildung zwischen Lehrkräften und Schulsozialarbeiter*innen führen in der Folge zu einem Informationsdefizit, insbesondere auf Seiten der Lehrkräfte über die Rolle und Aufgabenbereiche von Schulsozialarbeit. Empirische Befunde zeigen, dass Lehrkräfte, die noch keinen Kontakt mit Schulsozialarbeiter*innen hatten, oft wenig über die Tätigkeit der Schulsozialarbeit informiert sind (z. B. Wagner 2015).

Eine gemeinsame Aus- und Weiterbildung von Lehrkräften und Schulsozialarbeiter*innen würde maßgeblich dazu beitragen, die Kooperationsbereitschaft in der schulischen Praxis zu fördern und damit auch einen wesentlichen Beitrag zur Etablierung einer stärkenorientierten Schulsozialarbeit liefern. Speck (2020), der die professionsübergreifende Weiterbildung als wesentlich für die Qualität der Kooperation von Lehrkräften und Schulsozialarbeiter*innen sieht, beschreibt den Nutzen der gemeinsamen Weiterbildung anhand von fünf Funktionen: Reflexionsmöglichkeit, Verbesserung der Informationsbasis, Förderung der Perspektivenübernahme, Handlungssicherheit, Kooperationserweiterung.

D. h., Intention einer gemeinsamen Weiterbildung sollte es sein, die Ziele, Rahmenbedingungen, Verläufe und Ergebnisse der alltäglichen Kooperation zu reflektieren sowie Transparenz bezüglich der Strukturen und Probleme im jeweils anderen Arbeitsfeld zu schaffen. Dieser Einblick in die Deutungsmuster und Handlungsstrategien der jeweils anderen Profession sollte dazu beitragen, dass es eher gelingt, die Perspektive der jeweils anderen Profession zu übernehmen und eine entsprechende Rollen- bzw. Handlungssicherheit zu erreichen, womit letztendlich die Kooperation verbessert und im Idealfall die Umsetzung von gemeinsamen Projekten forciert wird (Wagner 2018a). Als konzeptionelle Grundlage für eine gemeinsame Aus- und Weiterbildung können die fünf professionsübergreifenden Kompetenzfelder für eine gelingende interdisziplinäre Kooperation von Schratz et al. (2008) herangezogen werden.

Wahrnehmung der Qualität der Kooperation von Schulsozialarbeiter*innen, Lehrkräften und Schuleiter*innen in der Praxis

Hostettler et al. (2020) analysierten die Qualität der interdisziplinären Kooperation zwischen Schulsozialarbeiter*innen auf der einen Seite und Schulleiter*innen und Lehrkräften auf der anderen Seite. Alle drei Gruppen wurden bezüglich der Interdependenz, der Umsetzen von neuen gemeinsamen Aktivitäten und der Reflexion des Arbeitsprozesses befragt (▶ Tab. 5). Die Ergebnisse zeigen, dass die Qualität der Zusammenarbeit von allen drei Gruppen als mittelmäßig bis eher positiv wahrgenommen wird. Am positivsten wird die Zusammenarbeit mit Schulsozialarbeiter*innen von den Schulleiter*innen beurteilt. Umgekehrt sehen die Schulsozialarbeiter*innen deren Zusammenarbeit mit den Schulleiter*innen nicht ganz so positiv. Ähnlich verhält es sich mit den Einschätzungen zwischen Lehrkräften und Schulsozialarbeiter*-innen. Die Lehrkräfte beurteilen die Zusammenarbeit mit den Schulsozialarbeiter*innen tendenziell positiver als umgekehrt die Schulsozialarbeiter*innen mit den Lehrkräften. Darüber hinaus nehmen die Schulsozialarbeiter*innen die Zusammenarbeit mit den Lehrkräften weniger positiv wahr als mit den Schulleiter*innen. Diese Ergebnisse bestätigen bisherige Befunde dahingehend, dass zwischen Schulsozialarbeiter*innen und Lehrkräften zwar eine grundlegende gegenseitige Akzeptanz und Wertschätzung vorhanden ist, Lehrkräfte aber i. d. R. mit der Kooperation zufriedener sind als die Schulsozialarbeiter*innen (Speck 2020; Wagner 2015).

Als positives Praxisbeispiel einer gelungenen Kooperation zwischen den Institutionen Schulsozialarbeit und Schule kann die trägerübergreifende Koordinierungsstelle Schulsozialarbeit im Fachbereich Schule in Dortmund angesehen werden (Niemeyer 2014). Diese Stelle zielt darauf ab, in Kooperation mit der Fachhochschule Dortmund und der Technischen Universität Dortmund Qualitätskriterien sowohl für die schulische Praxis als auch für eine praxisnahe Ausbildung von Studierenden im Kontext Schule zu entwickeln. Sie koordiniert u. a. interdisziplinäre Qualitätszirkel und bietet Fachberatung und Fortbildungsangebote für Schulsozialarbeiter*innen und multiprofessionelle Teams.

Auf den Punkt gebracht

Stärkenorientierte Schulsozialarbeiter*innen reflektieren ihre Menschenbilder und versuchen, ihre handlungsleitenden Prinzipien sowie ihre Handlungen daran auszurichten. Sie wissen, dass es verschiedene stärkenorientierte Menschenbilder gibt, deren Gemeinsamkeit es ist, dass sie die Menschenwürde ins Zentrum stellen. Sie sind sich bewusst, dass diese Menschenbilder ihre Wahrnehmungen, Interpretationen, Zielsetzungen und Handlungen in Bezug auf Kinder, Jugendliche, Eltern und Lehrkräfte determinieren.

Stärkenorientierte Schulsozialarbeiter*innen sind an der Schule örtlich eingebunden und unterstützen Kinder und Jugendliche bei der

Bewältigung ihrer altersabhängigen Entwicklungsaufgaben. Die Früherkennung von Problemlagen und Förderung der Kompetenzen von Kindern und Jugendlichen stellt ein wesentliches Merkmal der stärkenorientierten Schulsozialarbeit dar. Dabei arbeitet sie mit Lehrkräften, Erziehungsberechtigten und systemrelevanten Kooperationspartner*innen zusammen. Für die Umsetzung einer stärkenorientierten Arbeit benötigen Schulsozialarbeiter*innen neben dem schulsozialarbeiterischen Grundlagenwissen auch Wissen um Konzepte zur Stärkenorientierung, Handlungskompetenz und die Reflexionsfähigkeit der stärkenorientierten Grundhaltungen.

Kooperation und Interdisziplinarität stellen für die stärkenorientierte Schulsozialarbeit wesentliche Eckpfeiler dar, dabei weist die Transdisziplinarität zwischen Schulsozialarbeiter*innen und Lehrkräften den Weg in die Zukunft. Die Transdisziplinarität sollte kooperativ-konstitutiv orientiert sein und damit von Interdependenz, gemeinsamer Zieldefinition, Flexibilität, gemeinsamer professioneller Arbeit und der Reflexion des Arbeitsprozesses getragen sein. Dafür sind professionsübergreifende Kompetenzvoraussetzungen sowohl auf Seiten der Schulsozialarbeiter*innen als auch auf Seiten der Lehrkräfte erforderlich (Reflexions- und Diskursfähigkeit, Professionsbewusstsein, Kollegialität und Personal Mastery). Der gemeinsame Erwerb dieser Kompetenzen stellt eine wesentliche Voraussetzung dar. D. h., der Schlüssel für die Umsetzung einer stärkenorientierten Schulsozialarbeit liegt u. a. auch in einer gemeinsamen Aus- und Weiterbildung von Schulsozialarbeiter*innen und Lehrkräften. Darin sollte eine Chance gesehen werden, die aktuell noch vorhandenen Herausforderungen und Hindernisse im Kontext einer interdisziplinären Zusammenarbeit zu überwinden.

Reflexionsfragen

- Welche Menschenbilder und Grundhaltungen liegen der stärkenorientierten Schulsozialarbeit zugrunde?
- Woraus begründet sich eine stärkenorientierte Schulsozialarbeit?
- Welche Prinzipien und Kompetenzen lassen sich daraus ableiten?

- Was ist unter Kooperation im Kontext einer stärkenorientierten Schulsozialarbeit zu verstehen?
- Wie kann Kooperation in einem multiprofessionellen Umfeld optimal gelingen?

Weiterführende Literatur

Csikszentmihalyi, Mihaly (2007): Flow. Das Geheimnis des Glücks. Stuttgart: Klett-Cotta.

Hostettler, Ueli, Pfiffner, Roger, Ambord, Simone & Brunner, Monique (2020): Schulsozialarbeit in der Schweiz: Angebots-, Kooperations- und Nutzungsformen. Bern: hep Verlag.

Speck, Karsten (2020): Schulsozialarbeit: Eine Einführung. München: Reinhardt.

2 Methoden der stärkenorientierten Schulsozialarbeit

Überblick

In diesem Kapitel werden ausgewählte Methoden einer stärkenorientierten Schulsozialarbeit vorgestellt. Im Konkreten werden die Themen Beratung (▶ Kap. 2.1), Prävention und Intervention (▶ Kap. 2.2) sowie Qualitätsentwicklung und Evaluation (▶ Kap. 2.3) behandelt. Ziel dieses Kapitels ist es, einerseits die Methodenpluralität der stärkenorientierten Schulsozialarbeit und andererseits damit einhergehend die Relevanz der wissenschaftlichen Evidenz für die Umsetzung dieser Methoden sichtbar zu machen.

2.1 Beratung

Der überwiegende Teil der Lehrkräfte äußert einen dezidierten Bedarf an Beratung und Unterstützung durch Schulsozialarbeiter*innen (z. B. Wagner 2015). Auch auf Seiten der Schüler*innen wird dieser Bedarf gesehen. In einer Studie von Wagner (2018b) gaben 20 Prozent der Schüler*innen an, einen Beratungs- bzw. über den Unterricht hinausgehenden Unterstützungsbedarf zu haben. Konkret geht es um Unterstützung insbesondere im Lern- und Leistungsbereich, bei sozialen Themen in der Klasse sowie bei Problemen mit Lehrkräften. Bei der im Besonderen betroffenen Zielgruppe handelt es sich um leistungsschwache Jugendliche mit Migrationshintergrund. In dieser Gruppe wünschen sich nicht nur die Jugendlichen, sondern auch deren Eltern Beratungsangebote in der Schule. Diese Befunde verdeutlichen den hohen Beratungsbedarf an Schulberatung (Kösler 2006).

Spannt man nun den Bogen zur Schulsozialarbeit, so bezeichnet Just (2016, 101) Beratung als eine der Kernaufgaben von Schulsozialarbeit und spezifiziert Beratung für Schüler*innen, Lehrkräfte und Eltern als »unmittelbare Funktionsausübung« von Schulsozialarbeiter*innen (Drilling 2009).

Leitfrage: Was ist unter stärkenorientierter Beratung zu verstehen?

Laut Schubert, Rohr und Zwicker-Pelzer (2019, 129) strebt Beratung nach »einer Stärkung der Autonomie, der Reflexionsfähigkeit und der Lösungskompetenz von Personen und Gruppen, damit diese ihre Lebensführung in einer zufriedenstellenden und subjektiv wie sozial gelingenden Weise gestalten können«. Wagner und Kohlfürst (2022, 263) definieren Beratung als

> »Gestaltung der alltäglichen und arbeitsweltlichen Lebensführung von Individuen, Gruppen und Systemen. Dabei handelt es sich um einen zwischenmenschlichen Prozess der sprachlichen Kommunikation, der das Ziel verfolgt, die Kompetenzen der Ratsuchenden so zu stärken, dass persönliches Wachstum möglich wird«.

Anhand dieser Definitionen wird deutlich, dass Beratung als Kernaufgabe der Schulsozialarbeit dazu beiträgt, die Stärken und Kompetenzen der Ratsuchenden zu aktivieren und mobilisieren, um damit maßgeblich das Erreichen stärkenorientierter Entwicklungsziele zu fördern.

Um diese Entwicklungsziele zu erreichen, ist auf Seiten der Schulsozialarbeiter*innen neben dem kontextspezifischen Basiswissen ein methodisches Wissen bezüglich der Gestaltung eines Beratungsprozesses erforderlich. Laut Just (2016, 114) benötigt Beratung »eine theoriengeleitete Wissens-, Handlungs- und Problemlösungskompetenz, die unter Beachtung berufsethischer Werte und Normen hinsichtlich des zu beratenden Personenkreises sowie unter Bezugnahme auf fachliche Standards umgesetzt wird«. Mit Blick darauf werden im Folgenden grundlegende Aspekte eines professionellen Beratungsprozesses beschrieben.

2.1.1 Beratungsansätze

Leitfrage: Welche Beratungsansätze sind für eine stärkenorientierte Schulsozialarbeit relevant?

Handlungsleitende Prinzipien und methodische Zugänge in der Beratung entwickelten sich aus den klassischen Ansätzen der Psychotherapie, dazu zählen vorrangig der tiefenpsychologische, verhaltenstherapeutische, humanistische und systemische Ansatz. Mit Blick darauf lassen sich einige wesentliche Grundsätze für eine stärkenorientierte Beratung ableiten, diese werden im Folgenden basierend auf Wagner und Kohlfürst (2022) im Überblick erläutert, für eine vertiefende Beschreibung der einzelnen Beratungsansätze wird auf Kriz (2014) verwiesen.

Tiefenpsychologische Ansätze (Psychoanalyse, Individualpsychologie, analytische Psychologie) orientieren sich am medizinischen Krankheitsmodell sowie an der Annahme des Unbewussten. Dementsprechend zielen tiefenpsychologisch orientierte Beratungsansätze darauf ab, unbewusste Inhalte (z. B. ungelöste Konflikte in der Vergangenheit) sichtbar zu machen und damit einhergehend die Klient*innen in ihrer Entwicklung zu stärken.

Verhaltenstherapeutische Ansätze bauen auf den Lerntheorien (klassische und operante Konditionierung, Modelllernen) auf. Verhaltenstherapeutisch orientierte Beratungsansätze zielen darauf ab, gewünschtes Verhalten durch positive Reize (Belohnung) zu fördern und ungewünschtes Verhalten durch negative Reize (Bestrafung) zu reduzieren. D. h., es geht um die Entwicklung von Lernprozessen.

Die humanistischen Ansätze (personenzentrierter Ansatz, Logotherapie) orientieren sich stark an den Wertvorstellungen der Klient*innen. Dementsprechend zielen humanistisch orientierte Beratungsansätze darauf ab, die Entwicklung von Autonomie und das persönliche Wachstum zu fördern. Der Beratungsprozess ist bestimmt durch eine wertschätzende, empathische und kongruente Haltung der Berater*innen. Diese Parameter stellen eine wichtige Basis für einen gelingenden Beratungsprozess dar.

Einfluss des personenzentrierten Ansatzes von Carl Rogers auf eine stärkenorientierte Beratungspraxis

Die Trias von Wertschätzung, Empathie und Kongruenz können als Grundhaltungen eines stärkenorientierten Beratungsprozesses angesehen werden. *Wertschätzung* bedeutet die vorbehaltslose Annahme und das Akzeptieren der Besonderheiten und Probleme der Ratsuchenden. *Empathie* bedeutet das einfühlsame Verstehen der Lebenswelt und Probleme der Ratsuchenden. *Kongruenz* bedeutet Echtheit und Wahrhaftigkeit gegenüber den Ratsuchenden sowie die reflektierte Wahrnehmung des eigenen Erlebens, das mit einem Ratsuchenden in Beziehung steht.

Systemische Ansätze (Familientherapie, lösungsorientierte Kurzzeittherapien, narrative Ansätze) gehen davon aus, dass sich ein Problem aus einem Prozessgeschehen innerhalb der Beziehungen eines Systems (z. B. Familie, Lebenssituation der Klient*innen) entwickelt. Dementsprechend zielen systemisch orientierte Beratungsansätze darauf ab, Regeln, Muster und Strukturen zu erkennen, vorhandene Ressourcen der Klient*innen zu aktivieren und mögliche alternative Lösungen zu entwickeln. Systemische Ansätze ermöglichen es den Klient*innen, in relativ kurzer Zeit eine neue Perspektive bezüglich Problemlagen einzunehmen und damit persönliches Wachstum zu ermöglichen.

Alle hier genannten Beratungsansätze – resultierend aus den therapeutischen Ansätzen – verfolgen das Ziel, Klient*innen in ihrer persönlichen Entwicklung bestmöglich zu unterstützen. Da eine stärkenorientierte Schulsozialarbeit ihren Fokus auf der Förderung der Potentiale und des persönlichen Wachstums hat, tragen die beschriebenen Beratungsansätze wesentlich zur praktischen Umsetzung einer stärkenorientierten Schulsozialarbeit bei. Sowohl die therapeutischen Ansätze als auch die stärkenorientierte Schulsozialarbeit zielen auf Entwicklung und Veränderung ab.

2.1.2 Beratungsformen

Leitfrage: Welche Beratungsformen sind für eine stärkenorientierte Schulsozialarbeit relevant?

Nußbeck (2019) unterscheidet Einzel-, Gruppenberatung und Online-Beratung. Eine Einzelberatung erfolgt i. d. R. in Form einer Zweierkonstellation bestehend aus einer beratenden und einer ratsuchenden Person. In der schulsozialarbeiterischen Praxis finden Einzelberatungen insbesondere dann Anwendung, wenn es um die Beratung von Schüler*innen, Lehrkräften und Erziehungsberechtigten geht.

Die Gruppenberatung besteht aus mehreren Personen und zielt darauf ab, unter Anleitung einer beratenden Person innerhalb einer Gruppe Problemlösungen zu finden. Gruppenberatungen in der Schulsozialarbeit finden beispielweise im Rahmen von Beratungen von Schulklassen oder Teams von Lehrkräften statt.

Die Online-Beratung gilt als eigenständige Beratungsform und ist nicht als defizitärer Ersatz für persönliche Beratungssettings zu verstehen. Insbesondere für die schulsozialarbeiterische Zielgruppe der Kinder und Jugendlichen ist die Online-Beratung (Engelhardt 2019) durchaus eine Alternative zur persönlichen Beratung (▶ Tab. 8).

Tab. 8: Formen der Online-Beratung (eigene Darstellung)

Synchrone Kommunikation	textbasiert	Chat und Messenger
	nicht-textbasiert	Video Internettelefonie Avatare
Asynchrone Kommunikation	textbasiert	E-Mail Forum Messenger
	nicht-textbasiert	Sprach- und Videonachrichten

2.1.3 Beratungsprozess

Leitfrage: Welche Merkmale kennzeichnen einen professionellen Beratungsprozess?

Culley (2015) differenziert zwischen drei Phasen eines Beratungsprozesses. Zu Beginn der Beratung (Anfangsphase) steht der Beziehungsaufbau zwischen Berater*in und Klient*in im Zentrum der Gesprächsführung. Ziel ist es, einen Gesprächsrahmen zu schaffen, der von Akzeptanz, Verstehen und Vertrauen geprägt ist. Dabei spielt die Beziehungsorientierung eine wichtige Rolle. Inhaltlich sollten der Anlass für die Beratung, Ziele der Beratung sowie der Beratungskontext (z. B. Gesprächsdauer, Setting) geklärt werden.

In der Mitte des Beratungsprozesses (Mittelphase) geht es um die Analyse, Einordnung und (Neu-)Bewertung der Anliegen und Probleme. Der konkrete Beratungsprozess orientiert sich dabei methodisch an den handlungsleitenden Prinzipien und methodischen Zugänge der Berater*-innen (▶ Kap. 2.1.1), wesentlich ist die Ausrichtung auf die vereinbarten Ziele.

Gegen Ende der Beratung (Endphase) geht es um den Transfer der erarbeiteten Erkenntnisse in den Alltag der Ratsuchenden sowie um eine achtsame Beendigung der Beratungsbeziehung. Ein Beratungsprozess läuft i. d. R. nicht linear ab. Die Qualität der Beziehung zwischen Berater*in und Ratsuchenden, die vereinbarten Ziele und der Beratungsprozess selbst sollten gemeinsam reflektiert und ggf. verändert werden.

Praxisbeispiel: Stärkenorientierter Beratungsprozess

Die Klassenlehrerin einer ersten Klasse Mittelschule wendet sich mit folgendem Anliegen an die Schulsozialarbeiterin: Bernd, ein Schüler ihrer Klasse, schwänzt seit einigen Wochen vermehrt den Unterricht. Es haben sich dadurch schon zahlreiche Fehlstunden angesammelt und die Leistungen von Bernd haben sich gravierend verschlechtert. Es gab bereits ein Gespräch mit der Mutter von Bernd. In diesem Gespräch zeigte sich die Mutter überfordert und ratlos bezüglich ihrer Möglichkeiten,

Bernd davon zu überzeugen, wieder regelmäßig in die Schule zu gehen. Die Klassenlehrerin sorgt sich um die schulische Zukunft von Bernd und bittet die Schulsozialarbeiterin um Hilfe. Da Bernd in der Schule nicht anwesend bzw. für die Schulsozialarbeiterin nicht erreichbar ist, kontaktiert sie die Mutter von Bernd und vereinbart ein Beratungsgespräch.

Anfangsphase

Zu Beginn erklärt die Schulsozialarbeiterin den *Anlass der Beratung*, nämlich die Sorge der Klassenlehrerin um die schulische Zukunft von Bernd sowie ihre Rolle als Sozialarbeiterin an der Schule (*Klärung des Beratungskontextes*). Die Mutter äußert ihre Ratlosigkeit bezüglich des Verhaltens von Bernd: Bernd weigert sich in der letzten Zeit häufig in die Schule zu gehen. Er schafft es nicht, am Morgen aufzustehen, und klagt über Bauchschmerzen – im Rahmen einer medizinischen Abklärung konnten jedoch keine körperlichen Ursachen festgestellt werden. Bernd bleibt an diesen Tagen allein zu Hause – die Mutter ist alleinerziehend und berufstätig – und spielt mit dem Computer. Die Großmutter mütterlicherseits wohnt in der Nähe und versorgt Bernd mit einem Mittagsessen. In der Grundschule hatte Bernd keine Probleme beim Lernen und in der Schule. In der letzten Zeit äußert er jedoch immer wieder, dass er sich in der Schule nicht wohlfühlt, von anderen Schüler*innen verspottet wird und keine Freunde finden kann. Den Kontakt zu seinen früheren Freunden hat er im Zuge des Wechsels von der Grundschule zur Mittelschule verloren. Im Gespräch wird rasch klar, dass sich die Mutter wünscht, dass Bernd wieder regelmäßig zur Schule geht. Sie bittet dabei um Unterstützung.

Zu Beginn ist der *Beziehungsaufbau* zwischen Schulsozialarbeiterin und Mutter wichtig. D. h., die Schulsozialarbeiterin signalisiert, dass sie die Sorge der Mutter gut verstehen und nachvollziehen kann. Im nächsten Schritt geht es darum, die *Beratungsziele* gemeinsam zu definieren: Was soll sich im Zuge der Beratung verändern? Welche Wünsche hat die Mutter? Hier äußert die Mutter den konkreten Wunsch, dass Bernd wieder regelmäßig die Schule besuchen soll.

Mittelphase

Sobald eine Gesprächs- und Vertrauensbasis mit der Mutter geschaffen wurde, geht es um eine genauere *Problemanalyse und Bewertung*. Dazu ist der Einsatz von stärkenfokussierten Analysemethoden hilfreich wie z. B. das Fünf-Säulen-Modell der Identität von Petzold (2004; s. u.).

Endphase

Die Schulsozialarbeiterin und die Mutter vereinbaren weitere Gesprächstermine, bei denen auch Bernd dabei sein soll. Dabei geht es darum, zu erfahren, wie Bernd seine aktuelle Situation selbst sieht, um darauf aufbauend zu erarbeiten, wie es Bernd gelingen kann, seine schulischen Ängste abzubauen, in der Schule Freunde zu finden und insgesamt seinen Selbstwert zu stärken.

Fünf-Säulen-Modell der Identität von Petzold (2004)

Petzold (2004) geht von der Annahme aus, dass der Mensch (Leib) eine Einheit aus Körper-Geist-Seele in einem bestimmten Umfeld (Kontext) und einem zeitlichen Verlauf (Kontinuum) bildet und sich in der Identität eines Menschen bündelt. Die Veränderung bzw. Entwicklung der Identität wird durch fünf Säulen beeinflusst. Anhand dieser Säulen kann analysiert und veranschaulicht werden, worin die Ressourcen und Defizite eines Ratsuchenden liegen und welchen Einfluss diese auf die aktuelle Lebenswelt bzw. Problemstellung haben.

1. *Leiblichkeit:* Unter Leiblichkeit versteht Petzold (2004) einen achtsamen Umgang mit der eigenen psychischen und physischen Gesundheit.
2. *Soziales Netzwerk:* Das soziale Netzwerk steht für die sozialen Beziehungen wie Familie oder Freund*innen, die Struktur geben sowie Aufmerksamkeit und Anerkennung schenken.
3. *Arbeit, Freizeit und Beschäftigung:* Die Zufriedenheit mit Arbeit, Freizeit und Beschäftigung sind wesentliche Grundbedürfnisse des

Menschen. Die Stabilität dieser Säule lässt sich bspw. daran festmachen, ob jemand einer Arbeit bzw. Beschäftigung nachgeht, die befriedigend und mit Anerkennung verbunden ist, oder an einer positiven Work-Life-Balance im Sinne einer Ausgewogenheit von schulischer bzw. beruflicher Leistungserbringung auf der einen Seite sowie erholsamen Freizeitaktivitäten auf der anderen Seite.

4. *Materielle Sicherheit:* Die Säule der materiellen Sicherheit beinhaltet die ökonomische Absicherung und die ökologische Einbettung des Menschen. Dazu zählen finanzielle Mittel, Wohnung, Nahrung, Kleidung und Güter.
5. *Sinn und Wert:* Die fünfte Säule bezieht sich auf die persönlichen Werte und Normen. Sie umfasst Moral, Ethik, Traditionen und Sinnfragen des Individuums.

2.1.4 Ethische Aspekte

Leitfrage: Welche ethischen Aspekte sind im Kontext eines Beratungsprozesses zu beachten?

Berater*innen geben den gesamten inhaltlichen und organisatorischen Rahmen der Beratungssituation vor bzw. gestalten und lenken diesen. Auch wenn Berater*innen ihren Klient*innen in vertrauensvoller und achtsamer Art und Weise begegnen, bleibt Beratung ein asymmetrischer Hilfeprozess, der mit einem – bewusst oder unbewusst – ausgeübten Macht-, Manipulations- und Missbrauchspotential verbunden ist. Daher ist es erforderlich, dass Berater*innen ihre eigenen ethischen Werte und Normen kennen und reflektieren. Da eine völlig neutrale Haltung den Ratsuchenden bzw. ihren Problemen gegenüber nicht möglich ist, das eigene Handeln jedoch von dieser Haltung bestimmt wird, gilt es, die eigenen Werte und Normen mit Blick auf den Beratungskontext stets zu hinterfragen (Nußbeck 2019; Schmid Noerr 2021).

Weitere ethisch relevante Aspekte sind die Themen der Verschwiegenheit und Freiwilligkeit. Auch wenn die Zusicherung der Verschwiegenheit für das Gelingen eines Beratungsprozesses wesentlich ist, muss eventuell in

Situationen von Fremd- oder Selbstgefährdung davon Abstand genommen werden. In diesem Fall ist eine transparente und offene Kommunikation mit den Klient*innen ganz wesentlich. Ebenso relevant ist die Freiwilligkeit der Inanspruchnahme von Beratung, die jedoch im schulischen Kontext auch nicht immer gegeben ist. So müssen Schulsozialarbeiter*-innen damit umgehen können, dass ihr Gegenüber die Hilfe nicht oder nur eingeschränkt in Anspruch nehmen will oder sich ihr zunächst verweigert. Dies verdeutlich die hohe Relevanz von Beziehungsaufbau und Beziehungsorientierung im Kontext der Schulsozialarbeit. Drilling (2009) fasst diese Haltungen anhand des sozialarbeiterischen Grundprinzips der Beziehungsarbeit zusammen (▸ Kap. 1.2).

2.2 Prävention und Intervention

Schulsozialarbeit wird häufig in ihrer Gesamtheit als präventives Angebot für Schulen verstanden, weil Schulsozialarbeiter*innen mithelfen, dass herausfordernde bzw. problematische Entwicklungskonstellationen von Kindern und Jugendlichen nicht weiter eskalieren. Daraus ergibt sich ein gewisses Spannungsfeld, denn obwohl die Grundausrichtung der Schulsozialarbeit im schulpolitischen Diskurs i. d. R. als präventiv beschrieben wird, arbeiten Schulsozialarbeiter*innen in der Praxis mehrheitlich intervenierend, weil sie oft erst sehr spät in die Bearbeitung eines bereits stark eskalierten Falles involviert werden. Mit der Umsetzung des Grundsatzes »Prävention statt Intervention« versucht eine stärkenorientierte Schulsozialarbeit dieses Ungleichgewicht auszubalancieren, indem sie den Fokus stärker auf Prävention legt. Da jedoch in der Praxis die Grenzen zwischen Prävention und Intervention fließend sind, werden im Folgenden beide Methoden beschrieben.

2.2.1 Präventionskonzepte

Leitfrage: Was ist unter Prävention zu verstehen?

Prävention (lateinisch *praevenire:* zuvorkommen, verhüten) meint alle vorbeugenden Maßnahmen gegen ein unerwünschtes Ereignis oder eine unerwünschte Entwicklung (Gschwandner, Paulik, Seyer & Schmidbauer 2011). »Präventive Maßnahmen haben das Ziel, die Wahrscheinlichkeit für die Entstehung problematischer Verhaltensweisen [...] zu verringern bzw. die Entstehung positiver Verhaltensweisen zu erhöhen« (Bundesministerium für Unterricht, Kunst und Kultur 2012). Insgesamt fallen alle Maßnahmen zur Sicherung der körperlichen und psychosozialen Gesundheit unter den Begriff der Prävention. Generell gilt, dass Maßnahmen umso erfolgversprechender sind, je früher eine Störung erkannt und behandelt wird. Je nachdem in welchem Stadium einer Störung Maßnahmen ergriffen werden, werden sie als Primärprävention, Sekundärprävention oder Tertiärprävention bezeichnet.

Ziele der Primär-, Sekundär- und Tertiärprävention

Ziel einer *Primärprävention* ist es, das erstmalige Auftreten einer Störung zu verhindern. Primärpräventive Maßnahmen schließen daher alle potenziell gefährdeten Personen mit ein. Im Kontext der schulischen Gewaltprävention sind jene Programme, die sich an die ganze Schule oder ganze Klasse wenden, primärpräventive Maßnahmen.

Sekundärpräventive Maßnahmen haben zum Ziel, eine bereits aufgetretene Störung so früh als möglich zu behandeln, um einer Chronifizierung des Störungsbildes vorzubeugen und unkalkulierbare Folgen zu minimieren. Sekundärpräventive Maßnahmen richten sich daher an bereits identifizierte Risikogruppen, die Ansätze problematischen Verhaltens zeigen. Im Kontext der schulischen Gewaltprävention bedeutet Sekundärprävention, ein bereits aufgetretenes aggressives und gewaltbereites Verhalten von Kindern und Jugendlichen zu reduzieren und so rasch wie möglich zum Verschwinden zu bringen.

Anliegen der *Tertiärprävention* ist es, Beeinträchtigungen, die durch eine Störung hervorgerufen wurden, zu minimieren. Zielgruppe einer Tertiärprävention sind Personen, die ein deutlich chronifiziertes Störungsbild aufweisen und die durch ihren Störungsverlauf erkennen lassen, dass das problematische Verhalten (aufgrund der zugrunde liegenden Störung) nur sehr schwer zum Verschwinden zu bringen ist. Bei dieser Zielgruppe geht es in erster Linie darum, eine weitere Zunahme problematischer Verhaltensweisen einzudämmen und absehbare negative Konsequenzen zu minimieren. Im Kontext der schulischen Gewaltprävention ist eine Tertiärprävention eher selten anzutreffen, weil es sich in diesem Fall bspw. um verurteilte Straftäter*innen handelt, die aufgrund ihres delinquenten Verhaltens bereits mit dem Gesetz in Konflikt geraten sind und es daher z.B. im Rahmen der Täter*-innenarbeit um die Eindämmung weiterer negativer Folgen für diese Personen und ihr soziales Umfeld geht.

Zusätzlich zu dieser dreistufigen Klassifikation wird auch von *universeller*, *selektiver* und *indizierter Prävention* gesprochen. Dieses Klassifikationssystem deckt sich mit dem zuvor beschriebenen Modell. Die universelle Prävention zielt auf die Allgemeinheit ab, die selektive Prävention fokussiert auf Risikogruppen und die indizierte Prävention richtet sich an Personen mit manifesten Problemen.

Um den Begriff der Prävention einzuordnen und verstehen zu können, ist die Orientierung der Prävention sowohl am System als auch am Subjekt relevant. Der Bereich des Systems umfasst die Umwelten einer Person, während das Subjekt die betroffene Person selbst bezeichnet. Im Handeln und Verhalten besteht eine Wechselwirkung zwischen der Person und ihren Umwelten, weshalb beide Aspekte für die Prävention wichtig sind. Dadurch ergeben sich die Begriffe *Verhältnisprävention* und *Verhaltensprävention*. Die Verhältnisprävention, die auch als *strukturelle* oder *strukturorientierte Prävention* bezeichnet wird, bezieht sich auf die Strukturen rund um eine Person und fördert somit die »Entlastung der Subjekte von Systemzwängen« (Gschwandtner et al. 2011). Die Verhaltensprävention hingegen legt ihr Hauptaugenmerk auf die Personen.

Die Unterscheidung von System und Subjekt stellt eine wichtige Orientierungshilfe zum Thema Prävention dar. Die verschiedenen Präventionsmodelle versuchen nicht nur, die multifaktorielle Entstehung eines Problemverhaltens zu berücksichtigen, sondern auch die zueinander bestehende Beziehung der einzelnen Faktoren miteinzubeziehen. Dazu zählen materielle, psychosoziale und verhaltensbezogene Faktoren. Materielle Faktoren meinen die ökonomischen Verhältnisse, in denen Menschen leben. Geringe finanzielle Ressourcen begrenzen die Möglichkeiten, einen gesunden Lebensstil zu pflegen und führen häufig zu zusätzlichen psychischen Belastungen wie z. B. Schulden. Psychosoziale Faktoren umfassen alle immateriellen Belastungen und die damit einhergehenden Nachteile. Verhaltensbezogene Faktoren umfassen gesundheitsbeeinträchtigende Lebensstile und Verhaltensweisen, die gesundheitsfördernd oder gesundheitsschädigend sein können.

Leitfrage: Welche Strategien, Ansätze und Methoden stehen für die praktische Umsetzung von Präventionskonzepten zur Verfügung?

In der Praxis stehen zahlreiche Strategien, Ansätze und Methoden für die Umsetzung von Präventionskonzepten zur Verfügung.

1. *Förderung der Lebenskompetenzen (Life Skills-Ansatz):* Hinter potenziell problematischen Verhaltensweisen wie z. B. dem Rauchen oder dem Trinken von Alkohol steht oft der Versuch, persönliche Ziele zu erreichen. Der Life Skills-Ansatz fördert daher eine Reihe von psychosozialen Fähigkeiten, damit das Erreichen dieser persönlichen Ziele auch ohne Substanzkonsum ermöglicht wird. Es handelt sich hierbei häufig um eine indirekte Methode, wenn kein direkter Einfluss auf den Substanzgebrauch ausgeübt wird. Umgesetzt werden Life Skills-Programme durch die Verwendung substanzspezifischer und substanzunspezifischer Elemente. Während substanzspezifische Elemente bspw. Informationen über die Wirkungsweisen von Suchtmittel und Substanzen beinhalten, geht es bei den substanzunspezifischen Elementen um die Förderung von Skills (z. B. den Umgang mit sozialem Druck unter Gleichaltrigen), die einen Substanzkonsum unwahrscheinlicher ma-

chen. Dabei liegt der Schwerpunkt auf der praktischen Vermittlung und auf interaktiven Übungen. Gerade im schulischen Bereich sind die Rahmenbedingungen daher sehr maßgeblich. Der Erfolg hängt zusätzlich von der planmäßigen Umsetzung des Programms sowie vom Schul- und Klassenklima ab. Im Sinne des Schutz- und Risikofaktorenmodells (s. u.) sind auf der einen Seite die Reduktion von Risikofaktoren und auf der anderen Seite die Stärkung der Schutzfaktoren mögliche Ansatzpunkte für die Prävention.

2. *Erfahrungsbezogene sachliche Aufklärung:* Hierbei ist eine Anpassung des inhaltlichen Schwerpunkts des Präventionsprogramms an den Entwicklungsstand der jeweiligen Zielgruppe essenziell. Detaillierte Informationen helfen, Ängste zu lindern und überzogene Erwartungen zu dämpfen, die durch fehlendes Wissen entstehen.
3. *Ermöglichung kritischer Selbstreflexion:* Darunter sind Elemente zu verstehen, die eine selbstkritische Verhaltensreflexion ermöglichen und die Selbstkontrollfähigkeit stärken wie z. B. Genussübungen. Bei einer Genussübung geht es darum, eine kleine Menge eines Genussmittels (z. B. Schokolade) sehr langsam zu essen und danach zu reflektieren, wie sich dieses bewusste Essen auf das Geschmackserlebnis ausgewirkt hat bzw. wie sich das Fehlen dieser Haltung auf das Erleben des Schokoladekonsums i. d. R. auswirkt.
4. *Alternative Erlebensformen:* Grundgedanke dieses Ansatzes ist es, Themen wie z. B. den Umgang mit psychotropen Substanzen nicht nur zu tabuisieren, sondern gleichzeitig ein alternatives Angebot zu bieten, das positiv besetzt ist, z. B. sportliche oder kreative Aktivitäten. Verzicht- oder Genussübungen sowie angeleitete Selbsterlebnisse sind beispielhafte Methoden.
5. *Spezifische Angebote für Risikogruppen:* Hierbei liegt der Fokus auf einer selektiven Prävention, also der Bereitstellung individueller Angebote für eine spezifische Risikogruppe, zusätzlich zu allgemeinpräventiven Maßnahmen.
6. *Mulitplikator*innenansatz:* Als Multiplikator*innen sollen Menschen fungieren, die über entsprechende präventive Kompetenzen und Qualifikationen verfügen und diese in ihren Arbeits- und Lebenswelten einbringen und umsetzen können. Multiplikator*innen sollen durch ihre Arbeit mit den direkten Zielgruppen präventiv wirken. Für ihre

Wirksamkeit ist ein hochwertiges Aus- und Weiterbildungsangebot unerlässlich.

7. *Settingübergreifende, systemische Ansätze:* Diese Ansätze beziehen die Lebenswelt mit ein, da diese als wirkungsmächtiger gilt als individuelle Gesundheitsanstrengungen und Verhaltensweisen einzelner Personen. Settingübergreifende Maßnahmen gehen von einer Wechselwirkung zwischen Systemen aus, weshalb sie die unterschiedlichen Lebenswelten berücksichtigen und auf mehreren Ebenen ansetzen. Kinder und Jugendliche sind in verschiedenen Systemen, die sich gegenseitig beeinflussen (z. B. Schule, Familie, Kirche, Medien). Es werden mehrere Lebenswelten oder Settings und deren Wechselwirkungen im Präventionsangebot berücksichtigt.

Schutz- bzw. Risikomodell

In ätiologischen Modellen werden sogenannte Risiko- und Schutzfaktoren unterschieden. Risikofaktoren sind Faktoren, die mit einer erhöhten Wahrscheinlichkeit des Beginns, einem stärkeren Schweregrad und/oder einer längeren Dauer von Problemen oder Störungen im Zusammenhang stehen. Beispiel: Fehlende Impulskontrolle ist ein Risikofaktor für Substanzkonsum.

Schutzfaktoren sind dagegen Faktoren, die die Resistenz gegenüber Risikofaktoren oder Problemen und Störungen stärken. Beispiel: Unabhängigkeit von Peerdruck ist ein Schutzfaktor für Substanzkonsum.

Risiko- und Schutzfaktoren können genetischer, biologischer und psychosozialer Art sein, die in einem komplexen Zusammenspiel Probleme und Störungen beeinflussen. In aktuellen Präventionsansätzen werden Faktoren des Individuums (z. B. einer Schülerin oder eines Schülers), Faktoren der Lebenskontexte (z. B. Familie, Schule, Nachbarschaft, Gesellschaft) sowie Faktoren der Interaktion der Kontexte berücksichtigt.

Leitfrage: Welche Parameter sind im Hinblick auf eine erfolgreiche Prävention in der Schule wesentlich?

Schulische Präventionsprogramme sollten zielgruppenspezifisch ausgewählt werden, abhängig vom Alter, Geschlecht, sprachlichen, kulturellen oder ethnischen Hintergrund. Sie sollten nicht als einmalige Aktionen geplant werden. Vielmehr sollten sie frühzeitig, langfristig und kontinuierlich eingesetzt werden. Schulische Programme sollten sich z. B. über mehrere Jahre erstrecken. Präventionsaktivitäten sollten nicht nur Wissen vermitteln, sondern interaktiv gestaltet sein. Wenn Schulsozialarbeiter*-innen ein Programm durchführen, ist es wichtig, dass sie entsprechend geschult sind. Wenn Prävention in der Schule kontinuierlich durchgeführt wird, auch die Lehrkräfte miteinbezogen werden und die Maßnahmen strukturell verankert sind, sind die Effekte nachhaltiger. Prävention ist dann besonders wirkungsvoll, wenn sie in den Lebensweltzusammenhang der Schüler*innen eingebettet ist und deren Interessen entspricht.

Im Bildungsbereich wurde in den letzten Jahren eine schier unüberschaubare Menge an Präventions- und Interventionsmaßnahmen konzipiert und durchgeführt. Daher gibt es eine Vielzahl von Publikationen, z. B. Bücher, Handbücher, Leitfäden, Materialsammlungen. Dieser Fülle von Publikationen steht jedoch ein Mangel an theoretisch fundierten und wissenschaftlich evaluierten Programmen gegenüber. Im internationalen Diskurs wird daher die Forderung nach Evidence-Based Practice im Bildungsbereich immer nachdrücklicher gestellt. Evidence-Based Practice erfordert Maßnahmen und Interventionen, die theoretisch fundiert sind, deren Implementierung im Feld sorgfältig geplant und wissenschaftlich begleitet sowie deren Wirksamkeit inklusive möglicher Nebenwirkungen differenziert evaluiert wurden.

Die Beurteilung der Güte von Programmen mithilfe von strengen Qualitätskriterien entspricht dem Interesse vieler Gruppen (z. B. Anwender*innen, Auftraggeber*innen, Öffentlichkeit), weil dadurch vermieden wird, dass unnötig Zeit und Geld in ineffektive, möglicherweise sogar schädliche Programme investiert wird. Um den Wildwuchs an Maßnahmen und Programmen einzudämmen, haben daher einige wissenschaftliche Gesellschaften Qualitätskriterien für Präventions- und Interventionsprogramme konzipiert. Beispiele dafür sind Kriterienkataloge zur Beurteilung von Programmen zur Gewaltprävention, den die Sektion »Politische Psychologie« im Berufsverband der Deutschen Psycholog*-innen in Kooperation mit verschiedenen Wissenschaftler*innen erstellt hat

(Preiser & Wagner 2003), oder die (noch strengeren) Empfehlungen der Society for Prevention Research. Diese Kriterienkataloge sollen einerseits den Entwickler*innen und Anbieter*innen von Präventions- und Interventionsprogrammen Orientierungshilfen bieten und damit Transparenz sichern. Anderseits sollen sie Auftraggeber*innen Bewertungen und Vergleiche von Programmkonzepten sowie von deren Wirksamkeit ermöglichen.

Grüne Liste der Prävention

Die »Grüne Liste der Prävention« umfasst eine Auflistung von im deutschsprachigen Raum verfügbaren Präventionsprogrammen, die von unabhängigen Expert*innen in drei Qualitätsstufen eingeteilt wurden (https://www.gruene-liste-praevention.de/). Programme, die den höchsten wissenschaftlichen Standards entsprechen, befinden sich in der Gruppe 3 »Effektivität nachgewiesen«. Programme, die hohen wissenschaftlichen Standards entsprechen, befinden sich in der Gruppe 2 »Effektivität wahrscheinlich«. Programme, die guten wissenschaftlichen Standards entsprechen, befinden sich in der Gruppe 1 »Effektivität theoretisch gut begründet«. Zur Qualität internationaler Programme finden sich Information auf unter: https://www.blueprintsprograms.org/.

Die Empfehlung für den breiten Einsatz einer Maßnahme oder eines Programms ist zweifellos fahrlässig, wenn dieses nur unzureichend evaluiert wurde. Leider werden jedoch Maßnahmen im Schulbereich zumeist nicht evaluiert, oft nicht einmal ausreichend dokumentiert. Theoretisch fundierte und wissenschaftlich evaluierte Präventionsprogramme weisen u. a. folgende Kriterien auf: Aus den schriftlichen Unterlagen geht eindeutig hervor, was das Programm verändern will. Dazu gehört, dass das Programm klare Ziele aufweist. Das zugrundeliegende Konzept hat einen deutlichen Bezug zum aktuellen Forschungsstand (State of the Art). Das Programm beinhaltet Anleitungen zur systematischen Dokumentation und Evaluation. Die vorhandenen Evaluationen geben Auskunft über die Effektivität (Grad der Zielerreichung) und die Effizienz (Kosten-Nutzen-

Relation) des Programms. Dadurch werden vorhandene Ressourcen optimal eingesetzt, auftretende Schwierigkeiten sofort erkannt und das Lernen aus bisherigen Vorhaben systematisch gefördert.

Praxisbeispiel: Clever & Cool Programm

Das Clever & Cool Programm ist ein Kooperationsprojekt des Instituts für Suchtprävention des Landes Oberösterreich und der Landespolizeidirektion Oberösterreich. Es ist für einen Zeitraum von zwei Jahren in der siebten und achten Schulstufe konzipiert und besteht aus elf Modulen (31 Unterrichtseinheiten). Die Module 1 bis 4 werden in der siebten Schulstufe durchgeführt, die Module 5 bis 11 in der achten Schulstufe. Neun Module werden von Präventionsbeamt*innen gestaltet, ein Modul wird von einem öffentlichen Träger, dem JugendService Oberösterreich, durchgeführt, ein Modul vom Verein BILY. Vier Einheiten sollen vor oder nach bestimmten Modulen von den Lehrkräften durchgeführt werden, um in die von den Präventionsbeamt*innen besprochenen Inhalte einzuführen oder diese zu vertiefen. Zusätzlich zu den Einheiten für die Schüler*innen gibt es auch eine schulinterne Fortbildung im Ausmaß von acht Unterrichtseinheiten für die Lehrkräfte sowie einen Elternvortrag und optional einen Elternworkshop. Das Clever & Cool Programm orientiert sich an den neuesten Erkenntnissen der Sucht- und Gewaltpräventionsforschung, der Gesundheitsforschung und der Entwicklungspsychologie. Die Basis für das Programm bilden der Ansatz der Lebenskompetenzförderung und eine altersangemessene sachliche Wissensvermittlung. Die interaktive Unterrichtsgestaltung und methodische Vielfalt machen die Inhalte interessant und zugänglich. Schüler*innen lernen durch das Programm,

- was Sucht ist und wie sie entsteht,
- sich selbst und andere besser zu kennen,
- Probleme und Konflikte sinnvoll zu lösen,
- mit Stress und Aggression sinnvoll umzugehen,
- Gefühle ernst zu nehmen,
- sich selbst behaupten, ohne dabei andere zu verletzen,
- das eigene Konsumverhalten zu reflektieren,

- gemeinsam am Klassenklima zu arbeiten.

Das Programm wurde von 1999 bis 2015 an 164 Schulen in Oberösterreich in 363 Klassen mit 6990 Schüler*innen und 1860 Lehrer*innen durchgeführt und erreichte 3930 Elternteile. Es wurde 2017 mithilfe einer Längsschnittstudie (Versuchs- und Kontrollgruppendesign) zu drei Messzeitpunkten (zu Beginn, in der Mitte, am Ende) evaluiert (Strohmeier 2018a).

2.2.2 Soziale Innovationen in der Praxis

Werden Präventions- oder Interventionsprogramme in der Praxis umgesetzt, handelt es sich häufig um soziale Innovationen. Innovation, das vom lateinischen Verb *innovare* (erneuern) abgeleitet wird, bedeutet wörtlich »Neuerung« oder »Erneuerung«. In der Umgangssprache wird der Begriff im Sinne von neuen Ideen und Erfindungen und für deren Umsetzung verwendet. Eine gesellschaftliche, soziale, interkulturelle Innovation will gesellschaftliche, soziale oder interkulturelle Herausforderungen verändern und transformieren. Soziale Arbeit als Handlungswissenschaft ist besonders gut geeignet, gesellschaftliche, soziale, interkulturelle Herausforderungen aufzuzeigen und Lösungsansätze zu generieren.

Voraussetzungen für soziale Innovationen

- Erkennen, Benennen und Beschreiben der Herausforderung
- Finanzieren und Entwickeln der sozialen Innovation
- Ausprobieren, Evaluieren und Optimieren der sozialen Innovation (= Implementierung)
- Kommunizieren, Integrieren und Verbreiten der sozialen Innovation (= Transformation)

Leitfrage: Wie lernt man eine soziale Innovation in der Praxis umzusetzen?

Es gibt *Forschungsrichtungen*, die sich mit grundlegenden Fragen beschäftigen, z.B. Prevention Science, Implementation Science, Interventionsforschung oder Evaluationsforschung. Es ist sinnvoll, das Wissen, das in diesen Forschungsrichtungen generiert wurde, zu verwenden, wenn man selbst eine soziale Innovation umsetzen möchte.

Es gibt konkrete *Best-Practice-Beispiele*, von denen man lernen kann. Im sozialen Bereich gibt es viele engagierte Menschen, die möglicherweise bereits ähnliche Konzepte umgesetzt haben. Es ist sinnvoll, zu versuchen mit diesen Personen und Projekten in Kontakt zu treten und so viel wie möglich von deren Misserfolgen und Erfolgen zu lernen, wenn man selbst eine soziale Innovation umsetzen möchte.

»Learning by Doing« ist die dritte Möglichkeit. Die Mitarbeit bei der Umsetzung einer sozialen Innovation weist ein hohes Lernpotential auf. Dies gelingt dann besonders gut, wenn man Einblick in alle Abläufe und Schritte erhält. Das Wissen über erfolgreiche und erfolglose Strategien hilft einem selbst, wenn man in der Zukunft ein eigenes Projekt starten möchte.

Insgesamt ist die Kombination aus theoretischer Annäherung (über vorhandene Forschungsergebnisse), dem Kennenlernen von Best-Practice-Beispielen im Sinne des stellvertretenden Lernens sowie dem aktiven Umsetzen als Mitarbeiter*in in einem von jemand anderen entwickelten Projekt am vielversprechendsten, um selbst in der Zukunft in der Lage zu sein, mitzuhelfen, gesellschaftliche, soziale und interkulturelle Herausforderungen mithilfe von positiven Projekten und Konzepten zu lösen.

2.3 Qualitätsentwicklung und Evaluation

Qualitätsentwicklung in der Praxis ist eng verbunden mit wissenschaftlicher Evidenz. Für die stärkenorientierte Schulsozialarbeit bedeutet dies, dass die Implementierung von Maßnahmen und Projekten sorgfältig geplant und wissenschaftlich begleitet werden sollte. Dazu sind auf Seiten der Schulsozialarbeiter*innen eine positive evaluative Grundhaltung sowie ein evaluationsmethodisches Basiswissen unabdingbare Voraussetzungen (wissenschaftliche Evidenz statt Bauchentscheidungen).

Die bisherige Evaluationskultur im Bereich der Schulsozialarbeit zeigt ein insgesamt ambivalentes Bild. Positiv zu erwähnen ist, dass es zahlreiche Evaluationsberichte zu schulsozialarbeiterischen Projekten im deutschsprachigen Raum gibt. Auch liegen umfassende Nachschlagewerke zu konkreten Verfahren und Instrumenten der Qualitätsentwicklung und Evaluation in der Schulsozialarbeit vor (zusammenfassend Speck 2020). Als nachteilig angesehen werden muss jedoch die hohe inhaltliche Heterogenität der evaluierten Projekte auf der einen Seite sowie die unterschiedliche Qualität der durchgeführten Evaluationen auf der anderen Seite (Wagner 2015). Damit geht einher, dass es zwar ein vielfältiges Datenmaterial zur Qualitätsentwicklung von Schulsozialarbeit gibt, dieses Material jedoch nur schwer überblickbar und eher indifferent ist. Darüber hinaus kritisieren Stüwe, Ermel und Haupt (2015, 138), dass die Empfehlungen zur Qualitätsentwicklung in der schulsozialarbeiterischen Praxis nur unzureichend umgesetzt werden. Vor diesem Hintergrund wird im Folgenden ein Überblick über evaluationsmethodische Grundlagen gegeben.

2.3.1 Qualitätsentwicklung

Leitfrage: Was genau ist unter Qualitätsentwicklung zu verstehen?

Stüwe, Ermel und Haupt (2015, 139 f) definieren Qualität in der Sozialen Arbeit folgendermaßen:

> »Qualität ist immer relational und muss in Beziehung zu einem Bewertungsrahmen gesetzt werden, der durch gesellschaftliche, fachliche, politische und zeitliche Kontexte bedingt ist. Grundlage einer jeden Qualitätsdefinition in der Sozialen Arbeit ist daher deren ethische und normative Ausrichtung. Dies macht deutlich, dass es in der Sozialen Arbeit kein objektives Maß für Qualität gibt. Sie ist vielmehr das Ergebnis eines Aushandlungs- und Angleichungsprozesses zwischen der Erwartungshaltung des in weitestem Sinne von einer Intervention betroffenen Personenkreises gegenüber einer Leistung und dem, was tatsächlich geleistet wird.«

Ausgehend von dieser Definition beschäftigt sich Qualitätsentwicklung u. a. mit der Frage, wie die Ziele einer Maßnahme (Projekt, Programm, Intervention) erreicht werden können. Diese Frage ist bereits im Zuge der Konzeption und Entwicklung eines Projekts mitzudenken. Insgesamt erstreckt sich der Prozess der Qualitätsentwicklung über den gesamten Ablauf eines Projekts. Dieser Ablauf lässt sich in einzelne systematische Schritte untergliedern.

Vor der Durchführung eines Projekts stellt sich die Frage, welche Problemstellung überhaupt vorliegt und in welcher Form das Projekt zur Lösung des Problems beiträgt. Danach geht es darum, konkrete Projektziele zu definieren sowie den Kontext zu klären. Projekte und Interventionen finden immer innerhalb kultureller, sozialer, rechtlicher oder ökonomischer Rahmenbedingungen statt und werden durch diese beeinflusst. Basierend darauf gilt es, ein theoretisch fundiertes und hypothesenorientiertes Projektkonzept zu entwickeln. Dies beinhaltet, bereits in der Konzeptionsphase konkrete Annahmen über die mögliche Wirkung der Intervention zu formulieren. Anhand dieser Überlegungen orientieren sich die Ressourcen zur Projektumsetzung sowie die Planung der Prozesse zur Projektdurchführung. Am Ende eines Projekts gilt es, die Ergebnisse (Output), die direkte Wirksamkeit (Outcome) sowie die Wirksamkeit, die eventuell sogar über die Intervention hinausgeht (Impact), zu sichern (► Tab. 9).

Tab. 9: Ablaufmodell einer Projektentwicklung (eigene Darstellung)

Problem		→		Ziele		
Kontext		→		Konzept		
Ressourcen		→		Prozesse		
Intervention	-	Output	-	Outcome	-	Impact

Output, Outcome und Impact

Outputs sind Resultate eines Programms, das als Leistungen oder Produkte durch Programm-Interventionen hervorgebracht werden (z.B. Unterrichtsmaterialien, Broschüren). Den Outputs (zeitlich bzw. logisch) unmittelbar vorangehend sind die Interventionen; diese sollen – meist über die Outputs – zu den (zeitlich/logisch nachgelagerten) gewünschten Outcomes führen.

Outcomes sind intendierte Resultate eines Programms bei Zielgruppen, wie z.B. Veränderungen bzw. Stabilisierungen im Wissen, bei Fähigkeiten oder Fertigkeiten, in den Einstellungen, bei ihren Kompetenzen oder in ihren sozialen Werten (Outcomes I), im Verhalten (Outcomes II) oder in der Lebenslage/dem Status der Zielpersonen (Outcomes III).

Impacts sind Resultate eines Programms, die über die bei Zielgruppen auftretenden Outcomes (meist auch hinsichtlich der Zeitspanne bis zu ihrem Auftreten) hinausgehen. Häufig sind Outcomes Voraussetzung für Impacts. Impacts sind oft Resultate einer oder mehrerer Ketten von Interventionen, Outputs und Outcomes (z.B. Veränderungen in der Organisation oder in der Gesellschaft; Quelle: https://eval-wiki.org/).

Dieser Ablauf kann als »Logik« bzw. »logisches Modell« einer Projektentwicklung bezeichnet werden. Häufig bleiben in der Praxis die einzelnen Schritte implizit. D.h., sie finden zwar statt, werden aber von Projektdurchführenden zu wenig bewusst wahrgenommen. Dies erschwert eine professionelle Qualitätsentwicklung und damit einhergehend eine systematische Qualitätssicherung.

Im Rahmen einer Qualitätssicherung stellen sich u.a. folgende Fragen: Wer ist/sind die Zielgruppe(n) der geplanten Maßnahme? Welche konkreten Ziele verfolgt die geplante Maßnahme mit Blick auf diese Zielgruppe(n)? Woran ist erkennbar, dass die Ziele der Maßnahme auch tatsächlich erreicht wurden, d.h. die erwünschte(n) Wirkung(en) erreicht wurde? Welche Instrumente und Verfahren benötigt man, um die Wirkung(en) der Maßnahme sichtbar zu machen?

Zum Zweck der Qualitätssicherung haben sich im Sozial- und Bildungsbereich unterschiedliche Qualitätssicherungsverfahren etabliert. Diese Verfahren lassen sich mehrheitlich unter dem Dach der Evaluationsforschung zusammenfassen. Evaluationsforschung bedeutet die explizite Verwendung wissenschaftlicher Forschungsmethoden und -techniken zum Zweck der Durchführung einer Bewertung (Wottawa & Thierau 2003). In der stärkenorientieren Schulsozialarbeit geht es dabei meist um die Bewertung eines Interventionskonzepts, einer Implementierung einer Maßnahme und/oder der Wirksamkeit eines Präventions- bzw. Interventionsprogramms.

Evaluation

Eine Evaluation ist die systematische Bewertung mittels wissenschaftlicher Instrumentarien zum Zwecke der Entscheidungsfindung bezogen auf einen bestimmten Evaluationsgegenstand (z. B. Präventions- oder Interventionsprogramm). Das Ziel einer Evaluation ist es, zu prüfen, inwieweit eine erfolgreiche Bilanzierung von Leistungserwartungen und tatsächlich erbrachten Leistungen vorliegt. Es geht dabei um einen Vergleich von SOLL und IST bzw. Ziel und Realität.

2.3.2 Formen von Evaluation

Leitfrage: Welche Evaluationsformen sind für eine stärkenorientierte Schulsozialarbeit relevant?

Evaluationen befassen sich mit der Bewertung von Evaluationsgegenständen. Beispiele für Evaluationsgegenstände in der stärkenorientierten Schulsozialarbeit sind bspw. Projekte zur Stärkung des Bewusstseins von Diversität in der Schule, Projekte zur Förderung der Medienkompetenz von Schüler*innen, Projekte zur Selbstwertstärkung von Schüler*innen, Präventionsprogramme gegen Gewalt und Mobbing an der Schule, Sucht- und Drogenpräventionsprogramme.

Evaluationen können unterschiedliche Zielsetzungen verfolgen. Gollwitzer und Jäger (2014, 156) unterscheiden dabei formative und summative Evaluationen: Eine *formative Evaluation* setzt in der Phase der Planung und Durchführung einer Intervention an und verfolgt das Ziel, das Konzept sowie die Durchführung einer Intervention zu optimieren. Dabei geht es z. B. um die Prüfung der Qualität des Interventionskonzepts oder der Implementierung der Interventionsmaßnahmen. Sie richtet sich an jene Personen, die die Intervention konzipieren und durchführen. Beispiele für formative Evaluationen sind der *Probedurchlauf*, eine *Prozess- oder Zwischenevaluation* oder die *Implementationskontrolle.* Im Zuge eines Probedurchlaufs wird z. B. eine Intervention zunächst im kleinen Rahmen ausprobiert, bevor sie in mehreren Schulklassen oder an mehreren Schulen angeboten wird. Prozess- oder Zwischenevaluation stellen eine fortlaufende wissenschaftliche Begleitung während der Durchführung einer Intervention dar. Sie verfolgen das Ziel, anhand von wirksamkeitsbezogenen Daten eine Intervention kontinuierlich zu verbessern und an die vorgegebenen Rahmenbedingungen anzupassen. Auch bei der Implementationskontrolle geht es darum, eine Intervention zu optimieren. Dabei liegt der Fokus jedoch darauf, zu prüfen, ob die geplanten Interventionsmaßnahmen überhaupt umgesetzt werden bzw. aufgrund der vorgegebenen Rahmenbedingungen umgesetzt werden können.

Eine *summative Evaluation* verfolgt das Ziel, die Effektivität (Wirksamkeit) oder Effizienz (Kosten-Nutzen-Bilanz) einer Intervention zu beurteilen, ohne sie optimieren zu wollen. Dabei wird zwischen einer prospektiven Evaluation und einer Ergebnisevaluation unterschieden. Eine *prospektive Evaluation* setzt vor der Durchführung einer Intervention an und prüft, ob dafür überhaupt ein Bedarf besteht (Bedarfsanalyse) oder ob eine realistische Aussicht dafür besteht, dass mit der geplanten Intervention die intendierten Effekte auch tatsächlich erreicht werden können. Eine *Ergebnisevaluation* verfolgt das Ziel, nach der Durchführung der Intervention zu prüfen, ob die intendierten Effekte auch tatsächlich erreicht wurden oder wie die Kosten-Nutzen-Bilanz der gesetzten Intervention ausschaut.

Bezogen auf den Durchführungsmodus einer Evaluation kann zwischen Selbstevaluation, Fremdevaluation und partizipativer Evaluation unterschieden werden. Bei einer *Selbstevaluation* in Form einer intern konzipierten Evaluation nehmen jene Personen, die die Intervention umsetzen, auch die Qualitätssicherung vor. Da es sich in diesem Fall um eine Selbstbewertung handelt, kann es dabei zu Rollen- und Interessenskonflikten kommen, die wiederum die Ergebnisse der Evaluation beeinflussen können. Eine Möglichkeit, damit umzugehen, ist, innerhalb des Teams eine Aufgabenteilung in Entwicklungs- und Evaluationsteam vorzunehmen.

Bei einer *Fremdevaluation* in Form einer extern konzipierten Evaluation wird die Bewertung durch eine unabhängige, außenstehende Person oder Institution vorgenommen. In diesem Fall ist zwar eine neutrale Haltung dem Evaluationsgegenstand gegenüber eher gewährleistet, als nachteilig kann sich hier ein mangelndes Wissen bzw. Einfühlungsvermögen der Evaluator*innen bezüglich des Evaluationsgegenstands erweisen, weshalb sich eine weitere Form von Evaluation anbietet, nämlich eine partizipative Evaluation.

Bei einer *partizipativen Evaluation* handelt es sich um eine kooperative Evaluationsform, die dadurch gezeichnet ist, dass Projektbeteiligte bei der Qualitätssicherung mit externen Evaluator*innen zusammenarbeiten (von Unger 2014). Eng verwandt ist der Ansatz der partizipativen Evaluation mit dem Konzept der Empowerment-Evaluation von Fetterman (1994), bei dem Projektbeteiligte bzw. Stakeholder-Gruppen von Evaluator*innen so weit befähigt werden, dass sie zu Evaluator*innen ihres eigenen Evaluationsgegenstandes werden.

Stakeholder im Kontext von Evaluationen

Stakeholder sind alle Beteiligten und Betroffenen einer Evaluation. Dazu zählen z. B. politische und inhaltliche Entscheidungsträger*innen von Projekten, Geldgeber*innen, Projektmanager*innen, Projektentwickler*innen, Projektdurchführende, Zielgruppen eines Projekts (Projektadressat*innen), Kooperationspartner*innen und die Evaluator*innen.

Die Art der Partizipation im Rahmen einer Evaluation ist von unterschiedlichen Faktoren abhängig (von Unger 2014, 26): (1) Machtverteilung zwischen Stakeholder-Gruppen und Evaluator*innen (Wer trifft welche Entscheidung?), (2) Auswahl der Stakeholder-Gruppen, die sich aktiv an der Evaluation beteiligen und (3) Ausmaß der Partizipation (Wie stark sind einzelne Stakeholder-Gruppen in den Evaluationsprozess involviert?). Das Ausmaß an Partizipation wird anhand des Stufenmodells nach Wright, von Unger und Block (2010) veranschaulicht. Dieses Modell stammt aus Evaluationsprojekten im Rahmen der präventiven Gesundheitsförderung und ist damit unmittelbar anschlussfähig an Präventions- und Interventionsprojekte im Bereich der stärkenorientierten Schulsozialarbeit. In diesem Modell unterscheiden Wright, von Unger und Block (2010) neun Stufen von Partizipation, die sich in vier Meta-Stufen bündeln (entnommen aus von Unger 2014, 40): Stufe 1: Nicht-Partizipation (Instrumentalisierung, Anweisung), Stufe 2: Vorstufe der Partizipation (Information, Anhörung, Einbeziehung), Stufe 3: Partizipation (Mitbestimmung, teilweise Entscheidungskompetenz, Entscheidungsmacht). Die Stufe 4 geht über Partizipation hinaus (Selbstorganisation).

Häufig können und wollen nicht alle Stakeholder bei der Qualitätssicherung mitbestimmen bzw. mitentscheiden, sondern es sind einzelne Stakeholder-Gruppen bzw. Vertreter*innen daraus, die auf einer höheren Stufe der Partizipation am Evaluationsprozess teilhaben (z. B. im Rahmen von Steuerungs-, Arbeits- und Projektgruppen), die restlichen Gruppen werden lediglich informiert oder befragt. Bei einer partizipativen Evaluation wesentlich ist, die relevanten Stakeholder-Gruppen zu identifizieren, miteinzubeziehen und die unterschiedlichen Perspektiven und Interessen der einzelnen Gruppen transparent zu machen. Dies bedeutet: Eine partizipative Evaluation ist immer auch ein sozialer und kommunikativer Prozess.

2.3.3 Standards für Evaluationen

Evaluationen liefern einen wesentlichen Beitrag zur Qualitätsentwicklung von Praxisprojekten. Doch auch die Evaluationen selbst sollten klar definierten Qualitätskriterien unterliegen und daran gemessen werden können. Als Grundlage für die Qualitätsbewertung von Evaluationen entwickelte die Gesellschaft für Evaluation (DeGEval 2017) Evaluationsstandards (https://www.degeval.org/degeval-standards/standards-fuer-evaluation/). Diese Standards betreffen die Bereiche: (1) Nützlichkeit, (2) Durchführbarkeit, (3) Fairness und (4) Genauigkeit von Evaluationen. Die Nützlichkeitsstandards gliedern sich in acht Kriterien und sollen sicherstellen, dass die Evaluation sich an dem Evaluationsbedarf der Nutzer*-innen orientiert. Die Durchführbarkeitsstandards umfassen drei Kriterien und sollen sicherstellen, dass eine Evaluation realistisch, durchdacht, diplomatisch und kostenbewusst geplant und durchgeführt wird. Die Fairnessstandards gliedern sich in fünf Kriterien und sollen sicherstellen, dass im Rahmen einer Evaluation mit allen Stakeholder-Gruppen respektvoll und fair umgegangen wird. Die Genauigkeitsstandards umfassen neun Kriterien und sollen sicherstellen, dass eine Evaluation gültige und nachvollziehbare Informationen und Ergebnisse mit Blick auf den Evaluationsgegenstand liefert (▶ Tab. 10).

Tab. 10: Standards für Evaluationen (eigene Darstellung in Anlehnung an DeGEval 2017)

Standards	**Kriterien**
Nützlichkeit	• N1 Identifizierung der Beteiligten und Betroffenen • N2 Klärung der Evaluationszwecke • N3 Kompetenz und Glaubwürdigkeit des*der Evaluator*in • N4 Auswahl und Umfang der Informationen • N5 Transparenz von Werthaltungen • N6 Vollständigkeit und Klarheit der Berichterstattung • N7 Rechtzeitigkeit der Evaluation • N8 Nutzung und Nutzen der Evaluation
Durchführbarkeit	• D1 Angemessene Verfahren • D2 Diplomatisches Vorgehen • D3 Effizienz von Evaluation

Tab. 10: Standards für Evaluationen (eigene Darstellung in Anlehnung an DeGEval 2017) – Fortsetzung

Standards	Kriterien
Fairness	• F1 Formale Vereinbarungen • F2 Schutz individueller Rechte • F3 Umfassende und faire Überprüfung • F4 Unparteiische Durchführung und Berichterstattung • F5 Offenlegung von Ergebnissen und Berichten
Genauigkeit	• G1 Beschreibung des Evaluationsgegenstandes • G2 Kontextanalyse • G3 Beschreibung von Zwecken und Vorgehen • G4 Angabe von Informationsquellen • G5 Valide und reliable Informationen • G6 Systematische Fehlerprüfung • G7 Angemessene Analyse qualitativer und quantitativer Informationen • G8 Begründete Bewertungen und Schlussfolgerungen • G9 Meta-Evaluation

2.3.4 Evaluationsansätze

Leitfrage: Welche Evaluationsansätze sind für die Umsetzung einer partizipativen Evaluation relevant und wie schaut ein professioneller Evaluationsprozess aus?

Als Grundlage für eine systematische Planung und Umsetzung einer partizipativen Evaluation unter Berücksichtigung der Evaluationsstandards sind normative und nutzenorientierte Evaluationsansätze hilfreich. Der normative Ansatz von Balzer (2005) beschreibt die einzelnen Phasen einer Evaluation, beginnend damit, dass zunächst überhaupt ein Evaluationsbedarf festgestellt werden muss, bis zur Nutzung der Evaluationsergebnisse und der Bewertung der durchgeführten Evaluation durch die Stakeholder-Gruppen bzw. durch die Evaluator*innen selbst (▶ Abb. 1).

Patton (1997) beschreibt in einem nutzenorientierten Ansatz den eigentlichen Evaluationsprozess entlang von vier Phasen: (1) Konzeption

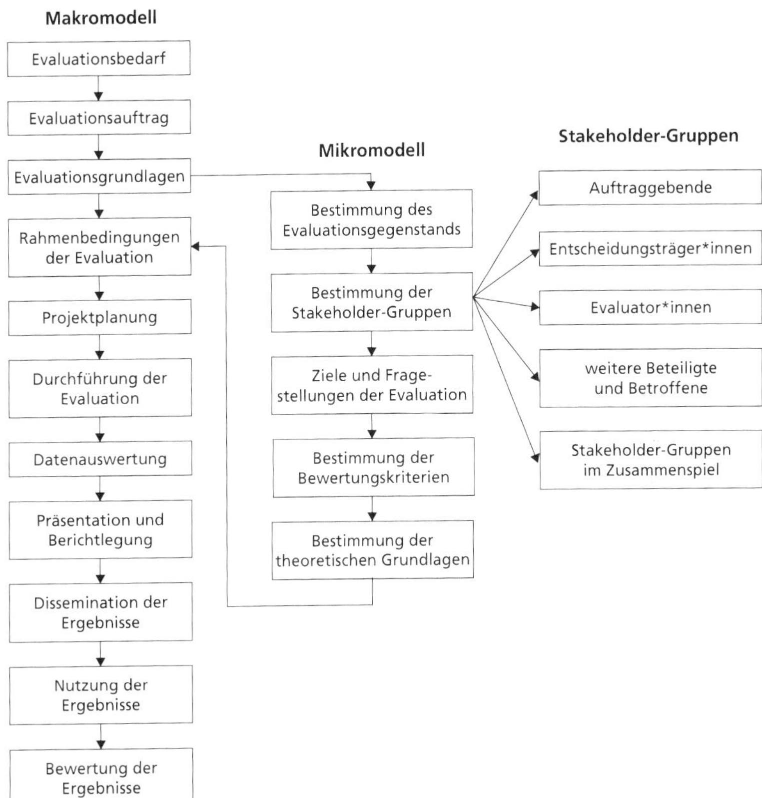

Abb. 1: Phasen eines Evaluationsprozesses nach Balzer (2005; aus: Gollwitzer, Mario & Jäger, Reinhold S. (2014): Evaluation kompakt. Weinheim: Beltz, 49)

und Zielexplikation, (2) Indikatoren und Evaluationsdesign, (3) Erhebung, Analyse und Interpretation der Daten, (4) Ergebnisnutzung. In der ersten Phase (Konzeption und Zielexplikation) geht es darum, gemeinsam mit den Stakeholder-Gruppen zu klären, was überhaupt der Sinn und Zweck der geplanten Evaluation ist, welche Erwartungen es gibt und wie die Evaluation angelegt werden soll. Damit einhergehend sollte ein Austausch mit den relevanten Stakeholder-Gruppen sowohl über die Ziele des zu evaluierenden Projekts als auch über dessen Zielgruppe(n) erfolgen. Für ein Evaluationsprozess ist wesentlich, dass eine gemeinsame Sichtweise aller relevanten Stakeholder-Gruppen darüber erlangt wird, welche Ziele die Maßnahmen bzw. das Projekt verfolgen und was die Maßnahmen bzw. das Projekt bei der/den Zielgruppe(n) bewirken soll (Output – Outcome – Impact). Dabei ist zu beachten, dass nicht zu viele Ziele definiert werden – bei umfangreichen Projekten besteht die Möglichkeit, zwischen »Muss-Zielen« und »Kann-Zielen« zu unterscheiden – und dass die Ziele konkret, messbar, aktiv beinflussbar, realistisch und terminiert definiert werden (SMART-Regel). Dabei handelt es sich um zentrale Fragen, die bereits im Rahmen einer Projektentwicklung geklärt werden sollten (▶ Kap. 2.3.1), und es wird an dieser Stelle deutlich, dass beim Setzen jeder Maßnahme Evaluationsaspekte immer mitgedacht werden sollten. Dazu benötigen jedoch auch Praktiker*innen ein evaluationsmethodisches Basiswissen sowie eine evaluative Grundhaltung.

Aufgabenbezogene und ergebnisbezogene Ziele

Praxisbeispiel: Projekt zur Gesundheitsförderung bei Schüler*innen
Zielgruppe: Schüler*innen
Aufgabenbezogenes Ziel: Das Projekt verfolgt das Ziel, ein Konzept zur Stärkung und Verbesserung des Gesundheitsbewusstseins von Schüler*innen zu entwickeln (Output).
Ergebnisbezogenes Ziel: Das Projekt verfolgt das Ziel, die Schüler*innen dahingehend zu sensibilisieren, welche Wirkung substanzgebundene Drogen (z. B. Alkohol, Tabak, Cannabis) auf den menschlichen Organismus haben (Outcome).

Um im Rahmen einer summativen Evaluation die Effektivität eines Projekts zu messen, müssen ergebnisbezogene Ziele definiert werden. Im Rahmen einer formativen Evaluation werden eher aufgabenbezogene Ziele analysiert. In Projektbeschreibungen findet man häufig aufgabenbezogene Ziele und weniger ergebnisbezogenes Ziele. Dies erschwert eine Ergebnisevaluation.

In der zweiten Phase (Indikatoren und Evaluationsdesign) geht es darum, zu klären, woran zu erkennen ist, dass die intendierten Ziele auch tatsächlich erreicht wurden (Festlegung von Indikatoren), welche konkreten Qualitätssicherungsverfahren zur Anwendung kommen sollen und wer sich in welcher Form an der Gewinnung von Daten beteiligen wird.

Indikatoren

Um feststellen zu können, ob eine Maßnahme ihre Ziele erreicht hat, müssen Indikatoren festgelegt werden, anhand derer der Erfolg gemessen werden kann. Was genau als Erfolg gilt, ist eine Definitionsfrage, daher ist hier der Austausch mit den relevanten Stakeholder-Gruppen wichtig.

Praxisbeispiel: Projekt zur Gesundheitsförderung bei Schüler*-innen

Ziel: Das Projekt verfolgt das Ziel, die Schüler*innen dahingehend zu sensibilisieren, welche Wirkung substanzgebundene Drogen (z.B. Alkohol, Tabak, Cannabis) auf den menschlichen Organismus haben.
Indikator 1: In einem Vergleich von zwei Wissenstests (vor und nach dem Projekt) zeigt sich bei den Schüler*innen ein Wissenszuwachs bezüglich der Wirkung von Drogen (indirekte Veränderungsmessung).
Indikator 2: In einer Befragung der Schüler*innen nach dem Projekt zeigt sich, dass die Schüler*innen eine kritischere Haltung gegenüber dem Drogenkonsum entwickelt haben (direkte Veränderungsmessung).
Erfolgskriterium: Anhand eines Kriteriums kann bspw. festgelegt werden, wie viel Prozent der Schüler*innen eine Wissens- und Einstellungsänderung aufweisen sollen, damit das Projekt von den Stakeholdern als Erfolg bewertet wird.

In der dritten Phase werden Daten erhoben, analysiert und interpretiert. Die vierte Phase orientiert sich am erwarteten Nutzen der Evaluation und an der geplanten Verwendung der Ergebnisse. Hier schließt sich der Kreis zur Zielexplikation, denn Evaluationsergebnisse sind nur dann von Nutzen, wenn sie bei den Adressat*innen der Evaluation auch auf Akzeptanz stoßen. Eine Voraussetzung dafür ist ein partizipativer Evaluationszugang verbunden mit der Einbindung der relevanten Stakeholder-Gruppe über den gesamten Evaluationsprozess hinweg. In dieser letzten Phase geht es um die Bereitschaft, aus den Ergebnissen zu lernen bzw. Konsequenzen daraus abzuleiten, z. B. anhand eines Maßnahmenkatalogs oder Handlungsempfehlungen. Dazu ist Offenheit und Transparenz im Umgang mit den Ergebnissen wichtig. Auch darf die Qualitätssicherung der Evaluation selbst mit Blick auf die Evaluationsstandards (▶ Kap. 2.3.3) nicht vergessen werden.

Checkliste zum nutzenorientierten Ansatz von Patton (1997)

1. Definieren der Zielgruppe(n)
2. Festlegen der intendierten Ziele/Wirkungen (Output – Outcome – Impact) für diese Zielgruppe(n)
3. Definieren von einem oder mehreren Indikator(en) für jedes Ziel
4. Definieren von Erfolgskriterien: Ab wann gilt ein Ziel als erreicht, welchen Wert soll der Indikator annehmen?
5. Festlegen der Details zur Datenerhebung
6. Besprechen der Ergebnisnutzung: Wer erhält welche Informationen?

Kirkpatrick und Kirkpatrick (2006) differenzieren in ihrem nutzenorientierten Ansatz zur Evaluation zwischen vier Ebenen der Wirksamkeitsprüfung: (1) Reaction, (2) Learning, (3) Behavior, (4) Results. Die Ebene »Reaction« bezieht sich auf die Zufriedenheit der Zielgruppe mit den gesetzten Maßnahmen (z. B. Zufriedenheit mit den Trainer*innen, den organisatorischen Rahmenbedingungen). Bei »Learning« geht es um das erworbene Wissen, um erworbene Fertigkeiten und um Einstellungs- bzw. Haltungsänderungen aufgrund der gesetzten Maßnahmen (Lernerfolge). Mit »Behavior« ist der Transfererfolg in den Alltag gemeint. D. h., ein Erfolg wird daran gemessen, ob die gelernten Inhalte in der Praxis auch wirklich zur Anwendung kommen. »Results« definiert die Veränderungen der gesetzten Maßnahmen auf Ebene der Organisation/Institution bzw. auf der Ebene der Gesellschaft. Diese Ebenen sind hierarchisch zu verstehen.

Effekte auf einer höheren Ebene setzen Effekte auf darunter liegenden Ebenen voraus. Dieses Modell ist hilfreich, um Stakeholdern zu veranschaulichen, wie realistisch bzw. ambitioniert ihre intendierten Ziele sind. Je höher die Zielebenen, desto schwieriger (unrealistischer) sind sie zu erreichen. Um den Erfolg von gesetzten Maßnahmen sichtbar zu machen, sollten jene Ziele anhand von Indikatoren gemessen werden, die auch tatsächlich durch die Maßnahmen beeinflusst werden können. Daraus resultiert die Empfehlung, auf jeden Fall auch die Ziele der unteren Ebenen zu messen (proximale Ziele) anstatt sich nur auf die höheren Ebenen (distale Ziele) zu konzentrieren. Dies würde unter Umständen bedeuten einen Erfolg zu verschenken.

Verortung von Projektzielen im Modell von Kirkpatrick und Kirkpatrick (2006)

Praxisbeispiel: Projekt zur Gesundheitsförderung bei Schüler*innen
Ebene 1 »Reaction«: Die Schüler*innen erleben die Schulsozialarbeiter*innen, die das Projekt durchgeführt haben, als kompetent und hilfreich.
Ebene 2 »Learning«: Die Schüler*innen haben nach dem Projekt mehr Wissen darüber, welche Wirkung substanzgebundene Drogen (z. B. Alkohol, Tabak, Cannabis) auf den menschlichen Organismus haben (Wissenserwerb).
Ebene 2 »Learning«: Die Schüler*innen haben nach dem Projekt eine kritischere Haltung gegenüber dem Substanzkonsum (Einstellungsänderung).
Ebene 3 »Behavior«: Die Schüler*innen setzen ihr erworbenes Wissen im Alltag um und gehen bewusster mit ihrem Substanzkonsum um.
Ebene 4 »Results«: Das Projekt leistet einen Beitrag dazu, den Umgang mit Substanzen an der Schule zu verändern (Stichwort: Drogenfreie Schule).

Auf den Punkt gebracht

Ziel der stärkenorientierten Beratung ist es, die Stärken und Kompetenzen der Ratsuchenden zu aktivieren, um damit die Entwicklungsziele der Ratsuchenden zu fördern. Dazu ist ein grundlegendes Wissen über die etablierten Beratungsansätze und Beratungsformen sowie über die Gestaltung eines Beratungsprozesses unter Berücksichtigung berufsethischer Werte und Normen erforderlich (Wissens-, Handlungs- und Problemlösungskompetenz). Das Gemeinsame aller etablierten Beratungsansätze ist die Initiierung von Lernprozessen mit dem Ziel, positive Entwicklung und Veränderung zu fördern, und damit ganz generell das persönliche Wachstum. Anhand dessen wird deutlich, dass Beratung ein wesentliches Element für die Umsetzung einer stärkenorientierten Schulsozialarbeit darstellt.

Stärkenorientierte Schulsozialarbeiter*innen versuchen, in ihrer täglichen Arbeit den Grundsatz »Prävention statt Intervention« umzusetzen. Das bedeutet, dass sie einen Teil ihrer Arbeitszeit im Sinne der Primärprävention damit verwenden, Probleme oder Störungen zu verhindern, noch *bevor* diese überhaupt aufgetreten sind. Sie sind Expert*innen für Prävention, weil sie Präventionsprogramme kennen, die den höchsten wissenschaftlichen Kriterien entsprechen, und die Schulen, die ein nachhaltiges und schulweites Präventionskonzept umsetzen wollen, dabei beraten und unterstützen können. Sie sind Innovationsmotoren an Schulen, weil sie durch ihre niederschwellige Arbeit und anwendungsorientierte Ausbildung in der Lage sind, Herausforderungen nicht nur frühzeitig zu erkennen, sondern auch Lösungsvorschläge entwickeln, implementieren und evaluieren können, die im besten Fall zu einem zukunftsorientierten Kurswechsel an Schulen führen.

Projekte und Interventionen im Rahmen der stärkenorientierten Schulsozialarbeit benötigen neben einem theoriegeleitenden Fundament eine systematische Form der Qualitätssicherung. Zum Zweck der Qualitätssicherung ist der Einsatz von Qualitätssicherungsverfahren erforderlich. Das Know-how dafür lässt sich im Bereich der Evaluationsforschung bündeln, weshalb in der Praxis tätige Schulsozialarbeiter*-innen eine positiv orientierte evaluative Grundhaltung sowie ein grundlegendes evaluationsbezogenes Fachwissen benötigen. Mit Blick auf die unterschiedlichen Evaluationsformen erweist sich die partizipative Evaluation aufgrund ihrer auf Kooperation mit möglichst allen Stakeholder-Gruppen ausgerichteten Zugänge und Ansätze als ideale Form für Projekte der stärkenorientierten Schulsozialarbeit. Die Qualität einer partizipativen Evaluation selbst lässt sich am besten anhand der Standards für Evaluation beurteilen.

Reflexionsfragen

- Welche Beratungsansätze und Beratungsformen sind für eine stärkenorientierte Schulsozialarbeit relevant?
- Wie schaut ein professioneller Beratungsprozess aus?
- Welche ethischen Aspekte sind in der Beratung zu beachten?
- Welche Strategien, Ansätze und Methoden stehen für die praktische Umsetzung von Präventionskonzepten zur Verfügung?
- Welche Parameter sind im Hinblick auf eine erfolgreiche Prävention in der Schule wesentlich?
- Wie lernt man eine soziale Innovation in der Praxis umzusetzen?
- Welche Evaluationsformen und Evaluationsansätze sind für eine stärkenorientierte Schulsozialarbeit relevant?
- Wie schaut ein professioneller Evaluationsprozess aus?

Weiterführende Literatur

Gollwitzer, Mario & Jäger, Reinhold S. (2014): Evaluation kompakt. Weinheim: Beltz.

Just, Annette (2016): Beratung in der Schulsozialarbeit: Eine kritisch-konstruktive Analyse. Münster: Waxmann.

Spiel, Christiane, Götz, Thomas, Wagner, Petra, Lüftenegger, Marko & Schober, Barbara (Hrsg.) (2022): Bildungspsychologie: Ein Lehrbuch. Göttingen: Hogrefe.

3 Handlungskonzepte der stärkenorientierten Schulsozialarbeit

Überblick

In diesem Kapitel werden Handlungskonzepte der stärkenorientierten Schulsozialarbeit vorgestellt. Mit Blick auf das stärkenorientierte Prinzip des Strebens nach Kompetenz werden im Folgenden drei Kompetenzbereiche in den Fokus genommen: Lern- und Selbstregulationskompetenzen (▶ Kap.3.1), soziale Kompetenzen (▶ Kap.3.2) und Medienkompetenzen (▶ Kap.3.3).

3.1 Lern- und Selbstregulationskompetenzen

Die Schulsozialarbeit ist Teil des schulischen Bildungsgeschehens und unterstützt aktiv und eigenständig den Bildungsprozess von schulpflichtigen Kindern und Jugendlichen (Mack 2017). Dies geschieht u. a. dadurch, dass Schüler*innen bei der Erbringung ihrer schulischen Bildungs- und Leistungsanforderungen, bei der Bewältigung einer erfolgreichen Schullaufbahn oder ganz generell beim Erfüllen von schulischen Erwartungen unterstützt und gefördert werden.

3.1.1 Bildungsziele

Leitfrage: Welche Ziele verfolgt die schulische Bildung?

Baumert (2002) nennt drei schulische Bildungsziele der allgemeinbildenden Schule als zentral für die moderne Gesellschaften: (1) die Vermittlung von kulturellen Basiskompetenzen (z. B. sprachliche, mathematische, informationstechnologische und selbstregulatorische Kompetenzen), (2) die Vermittlung eines breiten und vernetzten Orientierungswissens in zentralen kulturellen Wissensbereichen und (3) den Aufbau sozial-kognitiver und sozialer Kompetenzen (z. B. Fähigkeit zum Perspektivenwechsel, zum Mitempfinden, zur Hilfsbereitschaft, zur Kooperation, zur Verantwortungsbereitschaft und zum moralischen Urteil). Mit Blick auf diese Bildungsziele ergeben sich zahlreiche Anknüpfungspunkte für eine stärkenorientierte Schulsozialarbeit.

Im Gegensatz zu Baumert (2002) unterscheiden Spiel et al. (2022, 13) auf einer ganz generellen Betrachtungsebene Bildung als Produkt im Sinne von »Ausprägungen der Persönlichkeit eines Menschen, die unter einer gesellschaftlich-normativen Perspektive wünschenswert sind«, sowie Bildung als Prozess im Sinne der Art und Weise, wie diese wünschenswerten Persönlichkeitsausprägungen vermittelt werden. Anhand dessen wird deutlich, dass das Bildungsverständnis sowohl von historischen als auch gesellschaftlichen Entwicklungsprozessen beeinflusst wird und daher keine fixe Größe darstellt. Dementsprechend macht es Sinn, die Ziele von Bildung möglichst zeitlos zu definieren. Diesen Überlegungen folgend identifizierte das International Panel on Social Progress (IPSP) vier allgemeingültige Bildungsziele, die einen substanziellen Beitrag zum sozialen Fortschritt liefern:

1. humanistische Bildungsziele: durch die Entfaltung der individuellen und kollektiven Begabungen und Talente,
2. bürgergesellschaftliche Bildungsziele: durch die Förderung der aktiven Teilnahme an einer demokratischen Gesellschaft und am öffentlichen gesellschaftlichen Leben,

3. menschenrechtliche Bildungsziele: durch die Förderung der sozialen Gerechtigkeit,
4. ökonomische Bildungsziele: durch die Vermittlung von Wissen und Kompetenzen für den Arbeitsmarkt (Spiel et al. 2022, 14).

Vergleicht man diese Bildungsziele mit den Menschenbildern und Grundsätzen einer stärkenorientierten Schulsozialarbeit (► Kap. 1.1), so zeigen sich hier deutliche Parallelen (► Tab. 11).

Tab. 11: Vergleich zwischen Menschenbildern der stärkenorientierten Schulsozialarbeit und Bildungszielen des IPSP (eigene Darstellung)

Menschenbilder	Bildungsziele
Menschenwürde	Menschenrechtliche Bildungsziele
Willensfreiheit	Menschenrechtliche Bildungsziele
Persönliches Wachstum	Humanistische Bildungsziele
Sicherung der sozialen Strukturen	Bürgergesellschaftliche Bildungsziele

Daraus lässt sich ableiten, dass die stärkenorientierte Schulsozialarbeit einen wesentlichen Beitrag zur Umsetzung von gesellschaftlich relevanten Bildungszielen leistet und damit einhergehend sich sowohl Schulsozialarbeiter*innen als auch Lehrkräfte (zumindest in Teilbereichen) der Umsetzung gemeinsamer Bildungsziele verpflichtet fühlen sollten. Worin besteht jedoch der Unterschied zwischen dem Auftrag der Lehrkräfte und jenem der Schulsozialarbeiter*innen? Bezüglich der in der Schule stattfindenden Bildungsprozesse lassen sich formale, non-formale und informelle Prozesse unterscheiden.

Formale, non-formale und informelle Bildung

Formale Bildung bezieht sich auf Lern- und Bildungsprozesse in formalen Institutionen des Bildungssystems (z. B. Schule, Hochschule), die auf das Erlangen bestimmter Abschlüsse und Zertifikate ausgerichtet sind.

Non-formale Bildung bezieht sich auf freiwillige, nicht-zertifizierte Lern- und Bildungsprozesse, die von Institutionen angeboten werden. *Informelle Bildung* bezieht sich auf Lern- und Bildungsprozesse im Alltag, die jedoch prinzipiell auch in Bildungsinstitutionen stattfinden können. Informelles Lernen erfolgt beiläufig, ungeplant und je nach Interessenlage selbstgesteuert.

Die Angebote von Schulsozialarbeiter*innen lassen sich im Unterschied zu jenen der Lehrkräfte weitgehend unter non-formale Bildungsprozesse zusammenfassen. Mack (2017, 29) weist darauf hin, dass »non-formale Bildungsangebote der Schulsozialarbeit das Spektrum schulischer Bildungsangebote bzw. deren Lehr- und Lernformen erweitern«. Sie bieten Möglichkeiten, die über das schulische Lernen hinausgehen, und sind als Ergänzung zu formalen Bildungsangeboten zu verstehen. Darüber hinaus unterscheiden sich diese Bildungsangebote sowohl thematisch als auch methodisch von jenen der Lehrkräfte.

3.1.2 Erfolgreiches Lernen

Leitfrage: Welche Faktoren beeinflussen den Lernprozess von Schüler*innen?

Jeder Bildungsprozess geht einher mit einem Lernprozess, und Lernen findet dann statt, wenn Lernende den Lernprozess als wertvoll und attraktiv empfinden. Darüber hinaus bedarf es einer grundlegenden Lernmotivation sowie selbstregulatorischer Fähigkeiten.

Lernmotivation wird in der neueren Forschung nicht mehr als Eigenschaft einer Person gesehen, sondern vielmehr als Teil eines Prozesses, der den Beginn sowie die Aufrechterhaltung einer Lernhandlung steuert. Ausgehend davon liegt es für eine systematische Förderung von Lernmotivation nahe, sich einen Lernprozess genauer anzusehen. Es geht also nicht primär darum, wie ›unmotivierte‹ Personen bzw. Schüler*innen verändert werden können, sondern vielmehr um die Frage, wie der gesamte Prozess des (schulischen) Lernens mit all seinen Bestandteilen motivationsförderlich gestaltet werden kann. Dazu stehen bewährte und empirisch geprüfte Prozessmodelle zur Verfügung, die veranschaulichen, welche Faktoren einen Lernprozess (positiv und negativ) beeinflussen. Eines der bekanntesten Modelle ist das Prozessmodell der Selbstregulation von Zimmerman (2000). In diesem Modell werden drei Phasen einer Lernhandlung unterschieden: (1) die Planung des Lernens (= präaktionale Phase), (2) das Handeln im engeren Sinne (also die erfolgreiche Ausführung der Lernhandlung = aktionale Phase) und schließlich (3) eine funktionale Handlungsbewertung, sodass Lernen auch in Zukunft attraktiv bleibt (= postaktionale Phase).

Die erste Phase betrifft die *Planung einer Lernhandlung.* Es geht um das Setzen von Lernzielen und die damit verbundene Planung von Strategien (Task Analysis). Dabei beeinflussen die motivationalen Überzeugungen (Self-Motivation Beliefs) das Setzen von konkreten Lern- und Leistungszielen. Ein grundlegendes Interesse an der konkreten Lernhandlung, eine Überzeugung bezüglich der eigenen Selbstwirksamkeit oder eine flexible implizite Persönlichkeitstheorie unterstützen das Vertrauen dahingehend, dass man eine Lernhandlung auch erfolgreich bewältigen kann. Die zweite Phase beschreibt die konkrete *Umsetzung einer Lernhandlung.* Zimmerman (2000) unterscheidet dabei zwischen »Self-control« (z. B. Anwendung von Lernstrategien, Beibehalten von Ausdauer, Emotionsregulation) und »Self-observation« im Sinne der Selbstbeobachtung (= Monitoring). In der dritten Phase erfolgt die *Bewertung der durchgeführten Lernhandlung* in Form von »Self-judgement« und »Self-reaction« (z. B. Bewältigung der Gefühle von Hilflosigkeit, konstruktiver Umgang mit Misserfolg und kognitive Regulation, d. h. Adaptionen, falls es beim Lernen zu Schwierigkeiten gekommen sein sollte). Diese Phase wiederum hat unmittelbare Auswirkung auf die motivationalen Überzeugungen für die nächste Planungsphase, womit sich der Kreis der Lernhandlung schließt und sich ein Lernzyklus beschreiben lässt. Je nachdem, welche Überzeugungen Lernende entwickelt haben, kann dies für die nächste Lernhandlung motivationsförderliche oder aber auch motivationshemmende Konsequenzen haben.

Leitfrage: Wie kann erfolgreiches Lernen gelingen?

Lernen und Bildungsaktivitäten sind für Schüler*innen dann attraktiv, (1) wenn diese interessant sind und die eigene Zielorientierung auf persönliche Weiterentwicklung gerichtet ist (flexible implizite Persönlichkeitstheorie), (2) wenn Schüler*innen die Zuversicht haben, die Anforderungen bewältigen zu können (Vertrauen in die eigenen Fähigkeiten) und (3) wenn Schüler*innen das Gefühl haben, Dinge in ihrem Sinne beeinflussen zu können, und Fortschritte als eigenen Erfolg wahrnehmen (Selbstwirksamkeit). Darüber hinaus bleibt Lernen dann attraktiv, wenn Schüler*-innen wissen, wie man es erfolgreich tut. Nur wenn man seine Lernhandlungen wirklich managen und steuern kann, erlebt man sich als selbstbestimmt und erfolgreich. Schließlich bestimmen auch die Maßstäbe für Erfolge sowie die Art und Weise, wie Schüler*innen das Zustandekommen ihrer Lernergebnisse erklären und bewerten, eine maßgebliche Rolle für weiteres Lernen. Nur wer Erfolge als eigenen Verdienst und Misserfolge als bewältigbar und kontrollierbar empfindet, wird die Wertschätzung und Erfolgserwartung für eine Sache aufrechterhalten und sich erneut dazu entscheiden, eine Lernaktivität anzugehen.

3.1.3 Implizite Persönlichkeitstheorie (IPT)

Leitfrage: Welche Rolle spielt die implizite Persönlichkeitstheorie im Kontext einer Lernhandlung?

Eine wesentliche Voraussetzung für die Kompetenzentwicklung und damit einhergehend für das persönliche Wachstum ist die Frage, wie stabil bzw. veränderbar wir unsere Persönlichkeit erleben. Mit dieser Frage beschäftigt sich die Forschung zur impliziten Persönlichkeitstheorie (IPT). Impliziten Persönlichkeitstheorien sind unsere alltäglichen, subjektiven Vorstellungen darüber, wie wir uns und andere Menschen wahrnehmen bzw. welche Eigenschaften, Stärken und Schwächen wir uns und anderen zuschreiben. In der Forschung zur IPT wird zwischen zwei grundlegendenden Wahrnehmungsmustern unterschieden, der starren IPT und der flexiblen IPT. Bei einer starren IPT nehmen Personen die Haltung ein, dass die Persönlichkeit, ihre Eigenschaften, ihre Kompetenzen stabil und damit kaum oder gar nicht veränderbar sind. Bei einer flexiblen IPT nehmen Personen die Haltung ein, dass die Persönlichkeit, ihre Eigenschaften, ihre Kompetenzen nicht stabil, sondern veränderbar sind.

Carol Dweck beschäftigte sich in ihren Forschungsarbeiten (z. B. Dweck 2002; 2016) mit der Frage, wie sich die implizite Theorie der Intelligenz auf die Motivation und damit einhergehend auf die Schulleistungen von Schüler*innen auswirkt und wie die IPT durch gezielte Förderung beeinflusst werden kann. Sie unterscheidet dabei zwischen einem *starren Mindset* und einem *wachstumsorientierten Mindset.*

Starres und wachstumsorientiertes Mindset

Ein *starres Mindset* bedeutet, dass eine Person davon ausgeht, dass die Intelligenz (Kompetenz) eine stabile Eigenschaft ist. Ein *wachstumsorientiertes Mindset* bedeutet, dass eine Person davon ausgeht, dass die Intelligenz (Kompetenz) veränderbar ist, im Sinne eines Potentials, das entwickelt werden kann.

Schüler*innen mit einem starrem Mindset tendieren dazu, folgende Annahmen zu treffen: Klug zu wirken ist am wichtigsten. Wenn ich etwas für die Schule mache, möchte ich vor allem zeigen, wie gut ich darin bin. Anstrengung ist etwas Negatives (wenn ich hart an meinen Sachen arbeite, fühle ich mich nicht sehr schlau). Schüler*innen mit dieser Haltung driften eher in die Hilflosigkeit und Anstrengungsvermeidung ab.

Schüler*innen mit einem wachstumsorientierten Mindset tendieren dazu, folgende Annahmen zu treffen: Lernen ist wichtig. Für mich ist es viel wichtiger, Dinge zu lernen, als die besten Noten zu bekommen. Anstrengung ist etwas Positives (je härter ich an etwas arbeite, desto besser werde ich dabei). Schüler*innen mit dieser Haltung sind i. d. R. resilienter und können mit Rückschlägen besser umgehen als Schüler*innen mit einem starren Mindset.

In Studien zeigte sich, dass Schüler*innen, die verstehen, dass sich Intelligenz im Laufe der Zeit entwickelt (wachstumsorientiertes Mindset), sowohl in als auch außerhalb der Schule leistungsfähiger sind als jene, die von einer fixen Intelligenzvorstellung ausgehen (Dweck 2002; 2016).

Daran anknüpfend stellte sich die Frage, ob es möglich ist, Schüler*innen dahingehend zu trainieren, dass die Intelligenz bzw. Kompetenz sich im Laufe der Zeit sehr wohl verändert und weiterentwickelt, und ob sich dieses Training auf die Verbesserung der Leistungsfähigkeit auswirkt. Die Studie von Mueller und Dweck (1998) konnte zeigen, dass durch gezielte Rückmeldungen das Mindset von Schüler*innen beeinflusst werden kann.

Praxisbeispiel: Zusammenhang zwischen Kommunikation und Mindsets in der Schule

Mueller und Dweck (1998) führten eine Studie bezüglich Kommunikation und Mindsets durch. Dazu wurden den an der Studie teilnehmenden Schüler*innen im ersten Durchgang Aufgaben mit mäßiger Schwierigkeit vorgegeben. Diese Aufgaben konnten von den Schüler*-innen mehrheitlich gelöst werden. Danach bekamen die Schüler*innen unterschiedliche Rückmeldungen. Gruppe 1 – Lob für die Anstrengung: Wow, das ist ein gutes Ergebnis. Du musst dich wirklich angestrengt haben. Gruppe 2 – Lob für die Kompetenz: Wow, das ist ein gutes Ergebnis. Du musst aber schlau sein. Gruppe 3 – neutrale Rückmeldung/Kontrollgruppe: Wow, das ist ein gutes Ergebnis.

Im zweiten Durchgang wurden den Schüler*innen eine schwierigere Aufgabe vorgegeben, d. h., die Schüler*innen mussten jetzt auch mit Misserfolg umgehen. Es gab keine zusätzliche Rückmeldung, nur das reine Leistungsergebnis.

In einem dritten Durchgang wurde die Leistung der Schüler*innen gemessen. Dabei zeigte sich, dass das Feedback im ersten Durchgang einen Einfluss auf die Leistung nach dem Misserfolg hatte. Die Schüler*innen der Gruppe 1 (Lob für die Anstrengung) schnitten im dritten Durchgang am besten ab. Sie lösten mehr Aufgaben als im ersten Durchgang. Die Schüler*innen der Gruppe 2 (Lob für die Kompetenz) erbrachten die schwächste Leistung, verbunden mit einem Leistungsabfall. Sie lösten wesentlich weniger Aufgaben als im ersten Durchgang. Die Schüler*innen der Kontrollgruppe (neutrale Rückmeldung) lagen im dritten Durchgang leistungsmäßig zwischen den beiden anderen Gruppen und erbrachten eine ähnliche Leistung wie im ersten Durchgang.

Laut Dweck und Molden (2005) erachtet ein erheblicher Anteil der Schüler*innen schon nach wenigen Schuljahren die eigenen Fähigkeiten als weitgehend stabil und nicht beeinflussbar (starres Mindset). Diese verfestigte Haltung gegenüber der eigenen Kompetenz hat jedoch fatale Konsequenzen für die wahrgenommene Selbstwirksamkeit, die Motivation, das Engagement in Lern- und Leistungskontexten und für die Bewältigung von Misserfolgen. Letztendlich beeinflusst sie in ungünstiger Weise die schulische Leistungsfähigkeit.

Anhand dieser Ergebnisse wird deutlich, welchen hohen Einfluss Leistungsrückmeldungen auf die motivationalen Überzeugungen und in der Folge auf den schulischen Erfolg von Schüler*innen haben. Dieses Wissen sollte einerseits handlungsleitend für stärkenorientiert arbeitende Schulsozialarbeiter*innen sein. Andererseits könnte es auch hilfreich sein, diese leistungsrelevanten Mechanismen der Selbstregulation im Rahmen der Beratung von Schüler*innen, Lehrkräften und Eltern weiterzugeben. Darüber hinaus sollte dieses Wissen in die gemeinsame Aus- und Weiterbildung von Schulsozialarbeiter*innen und Lehrkräften einfließen.

3.2 Soziale Kompetenzen

Die Entwicklung von sozial-kognitiven, sozial-emotionalen und sozialen Kompetenzen stellt nach Baumert (2002) eines von drei schulischen Bildungszielen der allgemeinbildenden Schule dar. Stärkenorientierte Schulsozialarbeiter*innen können zu diesem Bildungsziel einen substanziellen Beitrag leisten, da die sozialarbeiterische Ausbildung sie maßgeblich dazu befähigt, soziale Kompetenzen im Schulsystem zu fördern.

Zur Verfügung stehende soziale Kompetenzmodelle

In den letzten Jahren wurden von verschiedenen supranationalen Organisationen (z. B. WHO, OECD, Council of Europe) eine Reihe von

Kompetenzmodellen entwickelt, die unter den Namen »life skills«, »competences for democratic culture« und »global competencies« veröffentlicht wurden (▶ Kap 3.2.1). Gleichzeitig wurde auch in der Wissenschaft eine Reihe von theoretischen Modellen entwickelt (▶ Kap 3.2.2). Dazu zählen die Soziale Informationsverarbeitungstheorie von Crick und Dodge (1994) oder das »Positive Youth Development« Modell (5-C-Modell) von Lerner et al. (2015).

Der wesentliche Unterschied zwischen den von supranationalen Organisationen entwickelten Kompetenzmodellen und den theoretischen Modellen aus der Wissenschaft ist, dass die erstgenannten Kompetenzmodelle deskriptive Listen von Fähigkeiten darstellen, die unter Berücksichtigung von wissenschaftlicher Fachliteratur von Fachexpert*innen als relevant identifiziert wurden, während die theoretischen Modelle der Wissenschaft immer auch Überlegungen beinhalten, wie diese Kompetenzen zu erwerben sind. Zur Förderung von sozialen Kompetenzen ist beides notwendig. D. h., Schulsozialarbeiter*innen sollten einerseits wissen, was genau sie bei Kindern und Jugendlichen durch gezielte fachliche Interventionen fördern möchten, andererseits brauchen Schulsozialarbeiter*innen ein detailliertes Fachwissen, wie (d. h. mithilfe welcher Zwischenschritte) diese Kompetenzen ganz konkret zu fördern sind.

Leitfrage: Welche sozialen Kompetenzen sollten Schulsozialarbeiter*innen bei Kindern und Jugendlichen konkret fördern?

3.2.1 Deskriptiv-normative Kompetenzmodelle

Die World Health Organisation (WHO) hat bereits 1997 das »Konzept der Lebenskompetenzen« (life skills) entwickelt, das vor allem in der Suchtprävention in der Arbeit mit Jugendlichen großen Anklang fand. Obwohl jedes Lebenskompetenzprogramm die Liste der relevantesten »life skills« etwas abgewandelt hat, zählen in der Originalkonzeption der WHO-Kompetenzen wie Problemlösen, kritisches Denken, kommunikative Fähigkeiten, Entscheidungskompetenz, kreatives Denken, Beziehungsfähigkeit, Selbstaufmerksamkeit, Empathie, Coping mit Stress und Coping mit Gefühlen zu den Top-10 Lebenskompetenzen (WHO 1997, 1). Auffallend an dieser Liste von Fähigkeiten ist, dass diese zehn Bereiche ungeordnet und gleichwertig nebeneinanderstehen. D.h., es gibt keine innere Logik, anhand der diese Fähigkeiten ausgewählt wurden, weshalb es verständlich ist, dass jedes Lebenskompetenzprogramm, das in den letzten 25 Jahren entwickelt wurde, Fähigkeiten ergänzt oder weggelassen hat.

Die WHO (ebd.) definiert Lebenskompetenzen folgendermaßen: »Life skills are abilities for adaptive and positive behaviour, that enable individuals to deal effectively with the demands and challenges of everyday life.« Diese Definition macht deutlich, dass Lebenskompetenzen ein sehr breites (bzw. eigentlich ein zu breites) Kompetenzfeld darstellen, weshalb es ohne Konkretisierung – wie es z.B. bei der Anwendung auf die Prävention des Konsums von Alkohol, Zigaretten und Drogen von Jugendlichen geschehen ist – unmöglich ist, empirisch zu untersuchen, ob es genau jene zehn Fähigkeiten sind (oder eventuell eine Reihe anderer), die Kinder und Jugendliche »lebenskompetent« machen. Bei allem positiven Nutzen, den dieses Konzept in den letzten 25 Jahren in der Präventionsarbeit gebracht hat, ist generell anzumerken, dass es heutzutage zum Allgemeinwissen in der Präventionsforschung gehört, dass zu breite Konzepte und Zielkonstrukte nicht sinnvoll sind, weil sie (wie in diesem Beispiel) de facto nicht messbar sind und es daher unmöglich ist, mithilfe wissenschaftlicher Methoden festzustellen, ob es wirklich die von der WHO angenommenen zehn Fähigkeiten sind, die Lebenskompetenzen tatsächlich fördern.

Der Council of Europe (2018) hat in den letzten zehn Jahren ein weiteres deskriptives Kompetenzmodell entwickelt, das »Kompetenzen für eine demokratische Kultur« als am relevantesten einschätzt, weshalb Bildungsinstitutionen diese Kompetenzen bei Kindern und Jugendlichen fördern sollen, um sie auf ein Leben in demokratischen Kulturen vorzubereiten. Das Model nimmt an, dass »Kompetenzen für eine demokratische Kultur« komplexe Kompetenzen sind, die wiederum aus einer Reihe von Sub-Kompetenzen bestehen. Das Kompetenzmodell des Council of Europe gruppiert daher 20 relevante Sub-Kompetenzen in vier übergeordnete Teilbereiche: (1) Werte, (2) Einstellungen, (3) Fähigkeiten und (4) Wissen und kritisches Denken. Die 20 Sub-Kompetenzen wurden im Rahmen eines mehrjährigen und demokratischen Prozesses generiert, wobei 101

Kompetenzschemata, die in der Wissenschaft generiert wurden, gesichtet wurden. Nach einem längeren Consulting-Prozess, an dem Fachexpert*-innen und Lehrkräfte beteiligt waren, hat man sich schlussendlich auf 20 Sub-Kompetenzen in Form eines demokratischen Prozesses geeinigt (Council of Europe 2016; 2018). Das Kompetenzmodell des Council of Europe (RFCDC – Reference Framework for Competences of Democratic Culture) wird derzeit über politische Kanäle in den meisten der 46 Mitgliedsstaaten des Council of Europe kommuniziert. Auch wurden eine Reihe von niederschwelligen Publikationen verfasst (https://www.coe.int/en/web/campaign-free-to-speak-safe-to-learn/reference-framework-of-competences-for-democratic-culture), um das Konzept an die relevanten Zielgruppen (z. B. politische Entscheidungsträger*innen, Lehrkräfte, Schulsozialarbeiter*innen) zu kommunizieren.

Sub-Kompetenzen für eine demokratische Kultur des RFCDC des Council of Europe

Werte werden in diesem Modell als allgemeine, situationsübergreifende Richtlinien für Handlungen definiert, wobei drei Werte als besonders zentral angesehen werden:

1. Wertschätzung der Menschenwürde und der Menschenrechte,
2. Wertschätzung kultureller Vielfalt,
3. Wertschätzung der Demokratie, Gerechtigkeit, Fairness, Gleichheit und Rechtsstaatlichkeit.

Einstellungen werden in diesem Modell als allgemeine, geistige Orientierungen definiert, wobei sechs Einstellungen als besonders zentral angesehen werden:

1. Offenheit gegenüber dem kulturellen Anderssein und anderen Überzeugungen,
2. Weltanschauungen und Praktiken,
3. Respekt,
4. Gemeinwohlorientierung,

5. Verantwortung,
6. Vertrauen in die eigene Handlungsfähigkeit,
7. Ambiguitätstoleranz.

Fähigkeiten werden in diesem Modell als komplexe und strukturierte Denk- oder Verhaltensmuster definiert, wobei acht Fähigkeiten als besonders zentral angesehen werden:

1. selbständige Lernkompetenzen,
2. analytische und kritische Denkweise,
3. Fähigkeit, zuzuhören und Dinge wahrzunehmen,
4. Empathie,
5. Flexibilität und Anpassungsfähigkeit,
6. sprachliche, kommunikative und vielsprachige Fähigkeiten,
7. Teamfähigkeit,
8. Konfliktlösekompetenzen.

Wissen und kritisches Denken werden als Gesamtheit der einer Person zur Verfügung stehenden Informationen definiert, wobei drei Wissensbereiche als besonders relevant angesehen werden:

1. Wissen und kritisches Selbstverständnis,
2. Wissen und kritische Bewertung von Sprache und Kommunikation,
3. Wissen und kritisches Weltverstehen.

Auch die OECD hat in ihrem »Global Competence Framework« die Grundgedanken des Council of Europe im Sinne der Förderung der vier Kompetenzfelder (Werte, Einstellungen, Fähigkeiten und Wissen) übernommen und für die eigene Zielsetzung adaptiert (OECD 2018). Laut OECD umfassen globale Kompetenzen die Fähigkeiten, lokale, globale und interkulturelle Herausforderungen zu analysieren, das Weltbild und die Perspektiven von anderen zu verstehen und wertzuschätzen, sich in offenen, angemessenen und effektiven interkulturellen Beziehungen zu engagieren und Handlungen zu unternehmen, um sich für kollektives Wohlbefinden und nachhaltige Entwicklung einzusetzen. Gemeinsam mit der PISA-Studie wurden 2018 erstmals verschiedene Aspekte dieser »globalen Kompetenzen« in Form von kognitiven Tests und Fragebögen weltweit erhoben.

Diese Entwicklungen sind positiv, weil durch das Miterheben dieser Aspekte nationalen Schulsystemen auf der politischen Ebene rückgemeldet werden kann, inwieweit sie diese Fähigkeiten bei Kindern und Jugendlichen in der Pflichtschule gefördert haben. Insofern helfen alle drei hier genannten Kompetenzmodelle mit, dass soziale Kompetenzen, die hier unterschiedlich definiert und in allen drei Konzepten sehr breit verstanden werden, langfristig einen höheren Stellenwert in Bildungssystemen erlangen. Die zehn Lebenskompetenzen der WHO, die zwanzig Kompetenzen für eine demokratische Kultur des Council of Europe und die vier breiten Kompetenzfelder der OECD stellen auch für Schulsozialarbeiter*innen sinnvolle Ansatzpunkte für Interventionen dar.

Das Zustandekommen dieser Kompetenzlisten sowie die politischen und demokratischen Prozesse, die die finale Auswahl der für die jeweilige supranationale Organisation relevanten Sub-Kompetenzen beeinflusst haben, wurden unter Berücksichtigung des vorhandenen wissenschaftlichen Wissens durchgeführt. Die Kompetenzkataloge, die entstanden sind, sind aber letztlich doch als normativ zu bezeichnen, weil ihr Zustandekommen auf keiner wissenschaftlichen, sondern einer politischen Logik basiert. Das ist nicht grundsätzlich eine schlechtere Logik, sondern eine andere Logik als die der Wissenschaft. Im Unterschied zu deskriptiv-normativen Kompetenzmodellen definieren wissenschaftliche Theorien grundsätzlich nicht nur die Outcome-Variablen (im Sinne deskriptiver Listen), sondern beschreiben auch die Prozesse, wie es zur Entstehung der gewünschten Outcomes kommt. Die nachfolgende Darstellung von zwei wissenschaftlichen Ansätzen verdeutlicht diesen fundamentalen Unterschied.

3.2.2 Wissenschaftliche Kompetenzmodelle

In der Wissenschaft gibt es verschiedene Definitionen von sozial kompetentem Verhalten. Eine häufig verwendete Definition, die von Ken Rubin und Linda Rose-Krasnor (1992) entwickelt wurde, beschreibt sozial kompetentes Verhalten als die Fähigkeit einer Person, ihre Ziele zu erreichen und dabei gleichzeitig positive Beziehungen mit anderen aufrechtzuerhalten. Interkulturelle Kompetenzen stellen einen Spezialfall sozialer Kompetenzen dar, wobei der reflektierte Umgang mit vielfältigen Gruppenzugehörigkeiten (z. B. Geschlecht, Religion, Herkunftsland, sexuelle Orientierung, Alter, Einkommen) und die damit verbundenen sozialen Stereotype und Vorurteile eine definierende Rolle einnehmen (Strohmeier 2018b). Wenn man Stereotype und Vorurteile als Kernelemente interkultureller Kompetenzen versteht, ergibt sich daraus, dass jede soziale Situation potenziell auch eine interkulturelle Situation sein kann, wenn in dieser Situation soziale Kategorien bedeutsam sind und somit Vorurteile und Stereotype triggern (Strohmeier, Gradinger & Wagner 2017). Eine soziale Kategorie kann durch direktes Ansprechen oder durch Situationsmerkmale bedeutsam werden. Direktes Ansprechen (des Geschlechts) wäre z. B. gegeben, wenn eine Lehrkraft sagt: »Die Mädchen stellen sich rechts auf und die Jungen stellen sich links auf.« Situationsmerkmale wären gegeben, wenn einem Mädchen auffällt, dass sie das einzige Mädchen in einer Gruppe von zwanzig Jungen ist. Sobald eine soziale Kategorie bedeutsam geworden ist, leitet sie die Wahrnehmung und Interpretation der Situation und das ganz unabhängig davon, ob den Wahrnehmenden das bewusst ist oder nicht.

Daraus ergibt sich, dass soziale und interkulturelle Kompetenzen transaktionale und kontextabhängige Kompetenzen sind, weil sie sich in bestimmten sozialen und relationalen Kontexten manifestieren. Gemäß der Sozialen Informationsverarbeitungstheorie (Crick & Dodge 1994) basiert sozial kompetentes Verhalten auf sechs fundamentalen sozial-kognitiven Prozessen, die für die Ausführung sozial kompetenten Verhaltens entscheidend sind.

Sozial-kognitive Prozesse gemäß der Sozialen Informationsverarbeitungstheorie nach Crick und Dodge (1994, 75)

1. Wahrnehmung einer sozialen Situation
2. Interpretation der sozialen Situation

3. Definition eigener Ziele
4. Generierung von Verhaltensalternativen
5. Handlungsauswahl
6. Ausführung des Verhaltens

Bedeutsam ist, dass diese sechs Schritte nicht immer bewusst ablaufen, einander wechselseitig beeinflussen und zusätzlich von einer »Datenbasis« determiniert werden. D. h., alle im Gedächtnis repräsentierten subjektiven Erfahrungen (z. B. Lernerfahrungen), Normen, Werte, subjektiven Konzepte von Fähigkeiten und Schwächen sowie sozialen Stereotypen und Vorurteile wirken in Form dieser Datenbasis auf die Informationsverarbeitung ein. Dieses Modell impliziert auch eine Lernspirale, weil angenommen wird, dass sich die sechs Schritte in der gleichen Weise in nachfolgenden Situationen wiederholen, wenn sie häufig eingeübt wurden. Die Soziale Informationsverarbeitungstheorie gibt Schulsozialarbeiter*innen somit ein ganz konkretes Wissen über soziale Kognitionen, die einem Verhalten vorgelagert sind, und somit ganz konkrete Anhaltspunkte für gezielte Interventionen, um sozial kompetentes Verhalten bei Kindern und Jugendlichen zu fördern.

Praxisbeispiel: Soziale Kognitionen und Emotionen als Vorläufer von Verhalten

Ein Schüler geht so nah beim Tisch einer Mitschülerin vorbei, dass beim Vorbeigehen ihre Schulsachen (Hefte, Stifte, Bücher) hinunterfallen. Je nachdem, wie das betroffene Mädchen diese Situation wahrnimmt und interpretiert, welche Gefühle diese Situation bei ihr auslöst, wie sie mit diesen Gefühlen umgehen kann und welche Verhaltensalternativen das Mädchen zur Verfügung hat, wird sie anders auf diese Situation reagieren. Bspw. kann das Hinunterstoßen der Schulsachen als Absicht oder als Unfall interpretiert werden. Wenn ein Mensch fast alles als Absicht interpretiert, handelt es sich um eine Wahrnehmungsverzerrung. Dieser sogenannte »Hostile Attribution Bias« ist häufig die kognitive Ursache dafür, dass neutrale Situationen eskalieren.

Nach einer erfolgten Interpretation der Situation hängt das weitere Verhalten von den Gefühlen des Mädchens und ihrer Fähigkeit zur Emotionsregulation ab. Wenn sie starke negative Gefühle (z. B. Wut oder Ärger) verspürt und diese schlecht regulieren kann, ist die Wahrscheinlichkeit hoch, dass die Situation eskaliert. Schwer zu regulierende starke emotionale Reaktionen sind ein weiterer Grund, weshalb Situationen eskalieren. Eine Eskalation wird insbesondere dann eintreten, wenn nicht viele prosoziale Verhaltensalternativen zur Verfügung stehen. Eine prosoziale Verhaltensalternative wäre in diesem Fall, wenn das Mädchen den Jungen darauf hinweist, dass ihre Sachen hinuntergefallen sind und sich dieser dann dafür entschuldigt und die Sachen gleichzeitig auch wieder aufhebt.

Alle sechs Schritte der Sozialen Informationsverarbeitungstheorie eignen sich sehr gut für verhaltensbasierte Interventionen. Viele Gewaltpräventionsprogramme verwenden die Grundgedanken dieser Theorie, die sich auch für die Praxis der stärkenorientierten Schulsozialarbeit hervorragend eignet. Je nachdem, wo die Schulsozialarbeiter*-innen das Hauptproblem vermuten, könnten sie z. B. über alternative Interpretationen mit dem Mädchen sprechen. Sie könnten dem Mädchen alternative Interpretationen anbieten (»Vielleicht war es ein Unfall.«), Emotionsregulationstechniken beibringen (»Wenn du verärgert bist, handle nicht, sondern zähle bis zehn.«) oder sie könnten alternative, prosoziale Verhaltensweisen besprechen (z. B. die eigenen Gefühle ansprechen, nachfragen).

Die Soziale Informationsverarbeitungstheorie setzt, ähnlich wie die von den drei supranationalen Organisationen entwickelten Kompetenzmodelle, am Individuum an. Weil Menschen jedoch ihre Fähigkeiten und Kompetenzen in einem bestimmten sozialen Umfeld erwerben, wird als zweite wissenschaftliche Theorie das »Positive Youth Development« Modell von Lerner et al. (2015) vorgestellt. Dieses Modell baut auf systemischem Denken auf und nimmt an, dass eine positive Entwicklung (z. B. die Entwicklung von Kompetenzen) grundsätzlich aufgrund von Wechselwirkungen zwischen einer Person und ihren Umwelten stattfindet. Insofern liegt das Hauptaugenmerk auf jenen Prozessen, die es einem Individuum ermöglichen, sich in einem gewissen Umfeld positiv zu entwickeln.

Systemisches Denken unterscheidet sich fundamental von der Persönlichkeitspsychologie. Eine Person wird als Teil der sie umgebenden Systemen gesehen. Aussagen über stabile Persönlichkeitseigenschaften, wie z. B. »Das ist eine kompetente Person«, machen in diesem Denken keinen Sinn, weil eine Person – systemisch betrachtet – nur unter Berücksichtigung einer bestimmten Umgebungskonstellation kompetent ist. Das bedeutet, je nachdem in welchem Umfeld sie ist, kann sich ein- und dieselbe Person kompetent oder inkompetent verhalten.

Lerner und Kolleg*innen verstehen unter positiver Entwicklung Kompetenzen (»competence«), Selbstvertrauen (»confidence«), Charakterstärke (»character«), Fürsorge (»care«) und Zugehörigkeit (»connection«), weshalb dieses Modell in der Wissenschaft als »5-C-Modell« bekannt wurde. Angenommen wird, dass hohe Ausprägungen in den »5 C's« dazu führen, dass ein Mensch positive Beiträge (»contributions«) für die Gemeinschaft, für die Familie, für die Zivilgesellschaft oder auch für sich selbst leistet. Weiter wird angenommen, dass sich die »5 C's« aufgrund von Wechselwirkungen zwischen den Ressourcen im Umfeld und individuellen Stärken entwickeln. Individuelle Stärken sind die Fähigkeit zur Selbstregulation von Kognitionen (Setzen von Zielen und Absichten), von körperlichen Zuständen (z. B. Hunger, Müdigkeit) sowie von Werten, Gefühlen und Überzeugungen. Ressourcen im Umfeld sind das Vorhandensein von sozialen Netzwerken, Institutionen, Personen sowie die Zugänge zu Ressourcen. Eine Person ist eher in der Lage, sich kompetent zu verhalten, wenn sie sich in einem Umfeld befindet, das viele Ressourcen aufweist, die für die Person auch zugänglich sind, als wenn sie sich in einem ›toxischen Umfeld‹ befindet.

3.3 Medienkompetenzen

Mediatisierung ist der gesellschaftliche Meta-Prozess, der all jene Veränderungen unseres Lebens beschreibt, die durch die Entwicklung von Technologien angetrieben werden. Die Entwicklung des Internets und der dazugehörigen technischen Tools (z. B. Smartphones) sowie ihre großflächige Verbreitung und niederschwellige Zugänglichkeit bilden die technologischen Voraussetzungen, d. h. die Gelegenheitsstrukturen dafür, dass Menschen ihre sozialen Beziehungen online gestalten können. Aus diesem Grund stellen neben sozialen Kompetenzen auch die Medienkompetenzen überaus relevante Fähigkeiten für Kinder und Jugendliche dar.

Medienkompetenzen

Medienkompetenzen sind dynamische Fähigkeiten, die sich mit dem technologischen Wandel verändern. Treumann et al. (2002) unterscheiden dabei vier Dimensionen: (1) Medienkritik, (2) Medienkunde, (3) Mediennutzung und (4) Mediengestaltung. *Medienkritik* umfasst analytische, reflexive und ethische Aspekte. *Medienkunde* umfasst informative und institutionell-qualifikatorische Aspekte. *Mediennutzung* kann rezeptiv oder interaktiv erfolgen. *Mediengestaltung* kann innovativ oder kreativ sein.

Auch der Begriff »digitale Kompetenz« wird in Fachkreisen sehr häufig verwendet und als multidimensionale Fähigkeit verstanden, die sich aus Wissen, Fertigkeiten und Einstellungen zusammensetzt, die benötigt werden, wenn man digitale Medien einsetzt, um Aufgaben auszuführen, Probleme zu lösen, zu kommunizieren, Informationen zu verwalten, zu kooperieren, Inhalte zu produzieren und zu teilen sowie sich Wissen anzueignen.

Leitfrage: Wie sollten Schulsozialarbeiter*innen bei Kindern und Jugendlichen Medienkompetenzen konkret fördern?

Um Medienkompetenzen zu fördern, sollten Schulsozialarbeiter*innen von Zeit zu Zeit das Medienverhalten mit Kindern und Jugendlichen analysieren, reflektieren und diskutieren. Im Gespräch ist es wichtig, den Medienaspekt explizit zu berücksichtigen und auch anzusprechen, weil sich offline soziales Verhalten anders gestaltet als online. Offline ist es wesentlich schwerer, jemanden zu kränken und zu beleidigen, ›vor den

Kopf zu stoßen‹, zu meiden oder auszuschließen, als online. Einer Person, deren Gesicht und Reaktionen man nicht sieht, kann man leichter etwas Gemeines schreiben, ein kränkendes Foto schicken, sie blockieren oder aus einer Social-Media-Gruppe ausschließen. Cybermobbing und Hass im Netz sind zwei weitverbreitete Phänomene, über die Schulsozialarbeiter*innen Bescheid wissen müssen, wenn sie die Lebenswelt von Kindern und Jugendlichen verstehen wollen.

Checkliste zur Reflexion des Medienverhaltens mit Kindern und Jugendlichen

- Mit den Jugendlichen darüber sprechen, wie viele Stunden pro Tag die Jugendlichen mit welchem technischen Gerät online sind.
- Mit den Jugendlichen darüber sprechen, was sie im Internet tun.
- Mit den Jugendlichen über mögliche Gefahren im Internet sprechen.
- Den Jugendlichen erklären, weshalb manche Webseiten gut und andere weniger gut sind.
- Mit den Jugendlichen besprechen, wie sie das Internet sicher nutzen können.
- Den Jugendlichen etwas Neues im Internet zeigen und sie ermutigen es selbst auszuprobieren.
- Mit den Jugendlichen konkrete Verhaltensweisen besprechen, wie sie sich anderen gegenüber verhalten sollen bzw. was sie bei negativen Erlebnissen am besten machen sollen.

3.3.1 Cybermobbing

Die Möglichkeiten, die das Internet bietet, um soziale Beziehungen zu gestalten, bilden die Gelegenheitsstrukturen für positive und negative Ausformungen. Gewalt im Internet ist ein überaus vielschichtiges Phänomen, das von Cybermobbing bis Cyberkriminalität reicht. Obwohl die Möglichkeiten im Internet andere sind als im physischen Kontakt, handelt es sich auch bei den Online-Formen von Gewalt um Verhaltensweisen, die mit einer Schädigungsabsicht durchgeführt werden und die tatsächlich oder mit einer hohen Wahrscheinlichkeit zu einem Schaden führen. Insofern sind die zentralen Definitionskriterien von Gewalt auch auf die Online-Formen anwendbar. In Bezug auf Cybermobbing gilt dieselbe Logik. Auch hier hat es sich bewährt, die drei Definitionskriterien von Mobbing zu übernehmen, also Schädigungsabsicht, Machtungleichgewicht und längerer Zeitraum.

Cybermobbing

Cybermobbing umfasst systematische, wiederholte negative Verhaltensweisen, die mithilfe neuer Medien (z. B. Computer, Smartphone) durchgeführt werden mit dem Ziel, einer Person zu schaden bzw. sie systematisch zu quälen (Gradinger, Yanagida & Strohmeier 2014).

Leitfrage: Wie können Schulsozialarbeiter*innen präventiv gegenüber Cybermobbing vorgehen?

Die Übertragung der Hauptkriterien der Gewalt- und Mobbingdefinition auf ihre Online-Formen bedeutet jedoch nicht, dass ihre Komplexität und Dynamik übersehen werden dürfen. Bspw. wurde in der Fachliteratur das Thema der Anonymität ausführlich diskutiert. In einem Online-Kontext ist es möglich, dass Täter*innen ihre Identität verschleiern oder sich als jemand anders ausgeben, was für Opfer einen großen Stressfaktor darstellt und den Umgang mit Cybermobbing für sie um einiges komplexer macht als Mobbing in einem physischen Kontext. Ein weiterer, überaus stressiger Aspekt für Opfer von Cybermobbing ist die zeitliche Unbegrenztheit. Täter*innen können ihre Opfer online 24 Stunden pro Tag, sieben Tage in der Woche verfolgen, weshalb es für die Opfer mitunter schwierig ist, den Angriffen zu entkommen. Es gibt aber auch Aspekte, die es leichter machen, mit Cybermobbing umzugehen als mit Face-to-Face-Mobbing. Bspw. bieten Technologien bessere Möglichkeiten hinsichtlich einer Beweissicherung, weil Textnachrichten, Fotos und Filme gespeichert werden oder Screenshots von beleidigenden Inhalten gemacht werden können. Auch ist es möglich, Täter*innen als Kontakte zu blockieren und auf diese Weise Angriffe abzustellen.

Hinsichtlich der Risikofaktoren für Cybermobbing gibt es mittlerweile eine große Anzahl von Studien. Metaanalysen haben gezeigt, dass der relevanteste Risikofaktor von Cybermobbing Face-to-Face-Mobbing ist. Kinder und Jugendliche, die Face-to-Face Täter*innen oder Opfer sind, sind das mit einer erhöhten Wahrscheinlichkeit auch online. Ein weiterer Risikofaktor für Cybermobbing ist die Zeit, die Jugendliche online verbringen, und das Verhalten, das sie im Internet zeigen. Jugendliche, die in Social-Media-Kanälen sehr aktiv sind, und vor allem jene, die viele private Informationen im Internet teilen, haben ein erhöhtes Risiko, online diverse negative Erfahrungen zu machen. Jugendliche, die sowohl Face-to-Face als auch online Opfer von Angriffen werden, d. h. jene, die viele verschiedene Formen von Mobbing erleben, leiden am stärksten. Für die Prävention von Cybermobbing ist daher der Fokus auf zwei Aspekte relevant: (1) die Reduktion der Risikofaktoren für Face-to-Face-Mobbing und (2) die Erhöhung von Medienkompetenz.

Praxisbeispiel: Prävention von Cybermobbing

Das Wiener Soziale Kompetenz-Programm (WiSK) ist ein evaluiertes und anhand einer großen Anzahl von Studien nachgewiesener Weise auch effektives Programm zur Prävention von Face-to-Face-Mobbing und Cybermobbing sowie zur Förderung der sozialen und interkulturellen Kompetenzen. Es wurde von Strohmeier und Kolleg*innen entwickelt und in hunderten Schulen in Österreich, Deutschland, Zypern, Rumänien, Kosovo und der Türkei erfolgreich eingesetzt (Strohmeier et al. 2021). Im WiSK-Programm wird der in internationalen Gewaltpräventionsprogrammen bewährte Mehr-Ebenen-Ansatz eingesetzt. Dieser sieht Maßnahmen vor, die auf drei Ebenen (Schule – Klasse – einzelne Schüler*innen) ansetzen und gleichzeitig die Beteiligung vieler Personengruppen ermöglichen. Schulsozialarbeiter*innen können auf allen drei Ebenen eine wichtige Rolle spielen. Am leichtesten umzusetzen ist jedoch die Gesprächsführung bei Anlassfällen.

Die hier beschriebenen Gesprächsführungsmethoden dienen als Rüstzeug, um bei Gewalt- oder Mobbingvorfällen gezielt intervenieren zu können. Gespräche sollen mit den Opfern, den Täter*innen, anderen Beteiligten und auch mit den Eltern der Betroffenen (Opfer und Täter*innen) geführt werden. In den Gesprächen mit den Opfern werden folgende Leitgedanken umgesetzt:

1. Erwachsene zeigen Verantwortlichkeit. Erwachsene sind da und helfen.
2. Vertrauen zur betroffenen Person wird aufgebaut. Die Sichtweise der betroffenen Person wird ernst genommen.
3. Betroffene werden gestärkt, damit sie solche Situationen bewältigen können.

Im Gespräch zeigt der*die Schulsozialarbeiter*in Unterstützung, klärt die Situation, ohne zu verhören, gibt Informationen über das weitere Vorgehen und trifft eine Vereinbarung zu einem weiteren Gespräch, um Handlungsmöglichkeiten in Gewaltsituationen zu erarbeiten.

In den Gesprächen mit Täter*innen werden folgende Leitgedanken umgesetzt:

1. Es wird klargestellt, dass Gewalt nicht toleriert wird.
2. Die Tat (das Verhalten) wird missbilligt, die Person wird jedoch respektiert.
3. Tateinsicht wird hergestellt.
4. Empathie wird gefördert.

Im Gespräch konfrontiert der*die Schulsozialarbeiter*in den*die Täter*in mit seinem*ihrem Verhalten und zeigt die Ernsthaftigkeit auf. Ziel der Gespräche ist die Herstellung von Tateinsicht sowie das Finden einer angemessenen Wiedergutmachung.

In den Gesprächen mit weiteren Beteiligten werden folgende Leitgedanken umgesetzt:

1. Es wird klargestellt, dass Gewalt nicht toleriert wird.
2. Empathie wird gefördert.
3. Die Verantwortung der Beteiligten wird bewusst gemacht.

Im Gespräch spricht der*die Schulsozialarbeiter*in alle Beteiligten auf die Tat an und zeigt die Ernsthaftigkeit auf. Der*die Schulsozialarbeiter*in macht den Beteiligten ihre Verantwortung bewusst und erarbeitet mit ihnen Möglichkeiten, wie man in Gewaltvorfälle eingreifen kann, wie man sie verhindern kann und was man selbst tun kann, wenn man Opfer ist.

Die Eltern der Opfer und der Täter*innen werden von dem*der Schulsozialarbeiter*in so rasch als möglich (am besten noch am selben Tag) über den Vorfall informiert, und es wird auch mit den Eltern ein Gesprächstermin vereinbart.

3.3.2 Hass im Netz

Leitfrage: Wie können Schulsozialarbeiter*innen bei Hass im Netz vorgehen?

Hass im Netz umfasst eine große Fülle verschiedener negativer Phänomene wie z. B.

- das (anonyme) Posten von beleidigenden Fotos, Videos, Comics, Witzen, Texten über soziale Gruppen oder Einzelpersonen, weil sie Mitglieder dieser sozialen Gruppen sind, auf Web-Seiten, in Blogs oder sozialen Netzwerken,
- das Versenden von (anonymen) E-Mails mit beleidigenden Inhalten,
- der Aufruf zu Gewalt gegen diese sozialen Gruppen und ihrer Mitglieder.

Charakteristisch für Hass im Netz ist, dass sich die Attacken gegen gesellschaftlich stigmatisierte Gruppen richten, d. h. gegen soziale Minderheiten.

2021 ist in Österreich das neue Hass-im-Netz-Bekämpfungsgesetz in Kraft getreten. Dieses Gesetz soll Betroffenen helfen, ihre Rechte leichter gegenüber Social-Media-Plattformen wie Facebook oder Instagram durchzusetzen. Hass im Netz kann in vielfältigen Formen auftreten, aber nicht jede hasserfüllte Aussage ist strafbar. Hass im Netz kann folgende Straftatbestände betreffen: Nötigung, gefährliche Drohung, beharrliche

Verfolgung, fortdauernde Belästigung im Wege einer Telekommunikation oder eines Computersystems, üble Nachrede, Beleidigung, unbefugte Bildaufnahme, Aufforderung zu oder Gutheißung einer mit Strafe bedrohten Handlung, Verhetzung oder Handlungen, die das österreichische Verbotsgesetz 1947 betreffen. Bei Bedarf kann man sich mit Beweisen (z. B. einem Screenshot) an schulpsychologische Beratungsstellen wenden.

Aktuelle Studien aus Deutschland und Österreich belegen, dass etwa jede*r fünfte Jugendliche im Alter von elf bis 16 Jahren schon einmal Opfer von Hass im Netz geworden ist. Mädchen, Migrant*innen und Kinder alleinerziehender Eltern trifft diese Form von Gewalt öfter als Jungen, Nicht-Migrant*innen und Kinder, die mit beiden biologischen Elternteilen zusammenleben (Strohmeier, Gradinger & Yanagida 2022). Der Anteil der Jugendlichen, die Hass im Netz beobachtet haben, ist noch höher. Zum Thema Hass im Netz gibt es einen deutlichen Professionalisierungsbedarf an Schulen, denn aktuell hat nur eine Minderheit der Lehrkräfte eine Fortbildung zum Thema besucht. Auch gibt es nur in wenigen Schulen eine konkrete Handlungsempfehlung zum Umgang mit Hasspostings. Schulsozialarbeiter*innen sollten einen Vorfall von Hassposting unbedingt im Kollegium mit den Lehrkräften besprechen sowie Gespräche mit den betroffenen Personen (Opfer, Täter*innen oder Zuschauer*innen) in ähnlicher Weise führen wie bei einem Cybermobbingvorfall. Es ist wichtig zu verstehen, dass Vorfälle von Hasspostings gravierender sind als Cybermobbing und i. d. R. auch nicht so leicht gelöst werden können, weil diese Taten sehr häufig von anonymen Unbekannten im Internet verübt werden. In Österreich gibt es eine App mit dem Titel »BanHate«, die von der Kinder- und Jugendanwaltschaft in der Steiermark entwickelt wurde und über die Opfer oder Zuschauer*innen Hilfe bekommen.

Praxisbeispiel: BanHate – Hasspostings mithilfe einer App melden

Die Antidiskriminierungsstelle der Kinder- und Jugendanwaltschaft Steiermark sammelt seit 2017 mithilfe der App »BanHate« Hasspostings und Hassverbrechen. In fünf Schritten ist es möglich, Hassnachrichten zu melden, wenn man diese im Internet zufällig gesehen hat. Wichtig ist, dass ein Screenshot des Hasspostings gemacht wird, der dann in der

App hochgeladen werden muss. Auch ist es sehr hilfreich, den Link des Postings zu speichern, weil es dann schneller möglich ist, das Hassposting zu finden. Die Antidiskriminierungsstelle geht jeder Meldung nach, prüft, ob es sich wirklich um Hasspostings handelt, und leitet gegen die Täter*innen ggf. rechtliche Schritte ein. Der Melder oder die Melderin kann über die App den Status der Meldung mitverfolgen. Mehr Informationen dazu finden sich unter: https://www.banhate.com.

Auf den Punkt gebracht

Die Bildungsangebote von Schulsozialarbeiter*innen sind als Ergänzung zu den formalen Angeboten der Lehrkräfte zu verstehen und lassen sich der non-formalen Bildung zuordnen. Die Bildungsziele der stärkenorientierten Schulsozialarbeit stimmen weitgehend mit allgemeinen, den sozialen Fortschritt unterstützenden Bildungszielen überein. Dazu zählen menschenrechtliche, humanistische und bürgergesellschaftliche Bildungsziele.

Persönliches Wachstum im Sinne der Kompetenzerweiterung ist maßgeblich durch Prozesse der Selbstregulation beeinflusst. Dazu ist es u. a. wesentlich, die mit einem Lernprozess einhergehenden Mechanismen der motivationalen Überzeugungen (Mindset) zu beachten. Im Kontext dieser Überzeugungen spielen die Leistungsrückmeldungen aus dem sozialen Umfeld (Peergroup, Lehrkräfte, Eltern) eine wesentliche Rolle. Diese Zusammenhänge zu erkennen und für die Beteiligten sichtbar zu machen, sollte sowohl Aufgabe der Schule als auch der Schulsozialarbeit sein.

Stärkenorientierte Schulsozialarbeiter*innen sind aufgrund ihrer Ausbildung hervorragend dafür geeignet, durch non-formale Bildungsprozesse soziale Kompetenzen bei Schüler*innen zu fördern. Sie haben aufgrund ihres Fachwissens die Fähigkeiten, Lehrkräfte bei dem Erreichen dieses Bildungsziels zu unterstützen, weil sie wissen, welche konkreten Kompetenzen Schüler*innen entwickeln sollten und durch welche konkreten Schritte diese Kompetenzen entwickelbar sind. Stärkenorientierte Schulsozialarbeiter*innen kennen die wichtigsten Kompetenzmodelle wie das Lebenskompetenzmodell der WHO, das Kompetenzmodell für eine demokratische Kultur des Council of Europe oder das Modell der globalen Kompetenzen der OECD. Stärkenorientierte Schulsozialarbeiter*innen kennen zusätzlich auch wissenschaftliche Theorien, die konkrete Hinweise dafür geben, wie die in den Kompetenzmodellen verankerten Werte, Fähigkeiten, Einstellungen und Wissensaspekte schrittweise bei Kindern und Jugendlichen gefördert werden können.

Stärkenorientierte Schulsozialarbeiter*innen wissen, dass Medien aus dem Leben von Kindern und Jugendlichen nicht mehr wegzudenken sind und berücksichtigen den Medienaspekt daher gezielt in ihren Interventionen. Wenn es um die Förderung von Medienkompetenzen geht, hat sich die Reflexion und Diskussion des Medienverhaltens von Kindern und Jugendlichen als anlassbezogene und niederschwellige Methode bewährt. Je nachdem, um welchen Inhalt es sich handelt, kann es bei diesen Gesprächen um Motive der Mediennutzung, um Inhalte bestimmter Webseiten oder um das Verhalten auf Social-Media-Plattformen gehen. Mit hoher Wahrscheinlichkeit werden stärkenorientierte Schulsozialarbeiter*innen auch mit den negativen Aspekten wie Cybermobbing oder Hass im Netz in der Schule konfrontiert. Daher ist es wichtig, dass sie Interventionsstrategien kennen und im Idealfall diese auch gemeinsam mit den Lehrkräften bzw. der ganzen Schule umsetzen. Bei Cybermobbing handelt es sich um Strategien einer gezielten Gesprächsführung und bei Hass im Netz um eine Aufklärung, dass es sich bei diesem Verhalten mitunter sogar um eine Straftat handeln kann.

Reflexionsfragen

?

- Welche Ziele verfolgt die schulische Bildung und welchen Beitrag kann dabei eine stärkenorientierte Schulsozialarbeit leisten?
- Wie kann erfolgreiches Lernen gelingen?
- Was ist unter sozialen Kompetenzen zu verstehen?
- Welche sozialen Kompetenzen sollten Schulsozialarbeiter*innen bei Kindern und Jugendlichen konkret fördern?
- Was ist unter Medienkompetenzen zu verstehen?

- Wie sollten Schulsozialarbeiter*innen bei Kindern und Jugendlichen Medienkompetenzen konkret fördern?
- Wie können Schulsozialarbeiter*innen bei Cybermobbing und Hass im Netz vorgehen?

Weiterführende Literatur

Council of Europe (2018): Reference Framework of Competences for Democratic Culture. Band 3. Strasbourg: Council of Europe Publishing.

Heckhausen, Jutta & Heckhausen, Heinz (Hrsg.) (2018): Motivation und Handeln. Berlin: Springer.

Strohmeier, Dagmar, Gradinger, Petra & Stefanek, Elisabeth (2021): Gewalt, Medien, Diversität: Hintergrundwissen und Anregungen für Pädagog*innen. Linz: National Center of Competence für Psychosoziale Gesundheitsförderung an der Pädagogischen Hochschule Oberösterreich. Unter: https://hepi.at/materialien/publikationen, Zugriff am 30.1.2023.

4 Zukunftsperspektiven der stärkenorientierten Schulsozialarbeit

☞ Überblick

In diesem abschließenden Kapitel werden basierenden auf den Grundlagen, Methoden und Handlungskonzepten der stärkenorientierten Schulsozialarbeit exemplarisch Zukunftsfelder und Entwicklungspotentiale der stärkenorientierten Schulsozialarbeit mit Blick auf die Aus- und Weiterbildung, die Digitalisierung in Form der Online-Beratung sowie die Sozialarbeitswissenschaft skizziert.

Die Menschenbilder – Streben nach Gleichwertigkeit, Autonomie, Kompetenz und soziale Eingebundenheit – sowie die daraus resultierenden Grundhaltungen – Erkennen der Potentiale, Fokus auf Prävention, wissenschaftliche Evidenz und multiprofessionelle Zusammenarbeit – der stärkenorientierten Schulsozialarbeit liefern ein Fundament für eine Schulsozialarbeit, die sich weg von einer Defizitorientierung hin zu einer Ressourcenorientierung entwickeln kann. Diese Perspektivenänderung stellt eine Chance für Schulsozialarbeiter*innen dar, ihr Handlungsfeld aus einem neuen Blickwinkel zu betrachten und gleichzeitig ihre Handlungsoptionen zu erweitern. Daraus ergeben sich jedoch einige Herausforderungen.

Die Aus- und Weiterbildung von Schulsozialarbeiter*innen und Lehrkräften ist im deutschsprachigen Raum mehrheitlich professionsunabhängig organisiert. Die Ausbildung der Lehrkräfte findet vorrangig an Universitäten oder Pädagogischen Hochschulen (PHs) statt. Schulsozialarbeiter*innen werden primär an Fachhochschulen (FHs) bzw. an Hochschulen für angewandte Wissenschaften im Rahmen von grundständigen

Bachelorstudiengängen der Sozialen Arbeit ausgebildet. Spezielle Studiengänge für Schulsozialarbeit finden sich kaum. Eine Ausnahme stellt der Masterstudiengang »Schulsozialarbeit/Jugendsozialarbeit an Schulen« an der Katholischen Universität Eichstätt-Ingolstadt dar (Bassarak 2017). Dieser Studiengang wurde 2016 als erster eigenständiger Masterstudiengang für Schulsozialarbeit im deutschsprachigen Raum etabliert. Der Ausbau von solchen oder ähnlichen Masterstudiengängen für Schulsozialarbeit mit dem Ziel, die Bildung- und Betreuungsqualität an den Schulen zu erhöhen, würde einen wesentlichen Beitrag zur stärkeren Professionalisierung von Schulsozialarbeit im deutschsprachigen Raum leisten. Dabei sollte auf interdisziplinär ausgerichtete Studiengänge geachtet werden. Die (zumindest teilweise) gemeinsame Aus- und Weiterbildung von Schulsozialarbeiter*innen und Lehrkräften stellt eine wesentliche Basis für eine gelingende Zusammenarbeit von Schulsozialarbeiter*innen und Lehrkräften in der schulischen Praxis dar. Dabei spielt die Transdisziplinarität eine wichtige Rolle. D. h., eine transdisziplinäre Haltung, die geprägt ist von einer gegenseitigen Unterstützung, einer Wertschätzung füreinander sowie einer gemeinsamen Zieldefinition für die Lösung der Probleme, ist in der Zusammenarbeit mit den Lehrkräften an den Schulen eine wegweisende Zukunftsperspektive für die stärkenorientierte Schulsozialarbeit (▸ Kap. 1.3.1).

Ein weiteres Zukunftsfeld der stärkenorientierten Schulsozialarbeit stellt die Ausweitung der Online-Beratung bzw. -Betreuung dar. Schulsozialarbeiter*innen sind an den Schulen vermehrt mit Kindern und Jugendlichen konfrontiert, bei denen die Kommunikation mit und die Nutzung von digitalen Medien eine wesentliche Rolle im Alltag spielen. D. h., um mit Kindern und Jugendlichen in Kontakt zu treten, ist im Bedarfsfall der Einsatz von digitalen Medien sinnvoll und hilfreich. Darüber hinaus hat die Covid-19-Pandemie deutlich gemacht, dass Situationen eintreten können, in denen digitale Beratungs- und Betreuungsformen die einzige Möglichkeit für Schulsozialarbeiter*innen sind, einen Kontakt mit den Klient*innen herzustellen bzw. aufrechtzuerhalten. Reindl (2018) sieht die Zukunft der Online-Beratung in der Überwindung der Dichotomie zwischen Online- und Präsenzberatung und der stärkeren Etablierung von »Blended Counseling« (ebd., 19).

Ein wesentliches Zukunftsthema betrifft die Notwendigkeit einer verstärkten evidenzbasierten Forschung im Bereich der Schulsozialarbeit. Es finden sich zwar vereinzelt Evaluationsstudien zur Effektivität von schulischen bzw. schulsozialarbeiterischen Beratungsangeboten (z. B. Galliker Schrott et al. 2009; Whiston et al. 2011) oder ganz allgemein zu Angebots-, Kooperations- und Nutzungsformen von Schulsozialarbeit (z. B. Hostettler et al. 2020). Insgesamt mangelt es jedoch an einer ausreichenden evidenzbasierten Forschung im Bereich von Schulsozialarbeit. Dewe und Schwarz (2013) kritisieren auf einer grundsätzlichen Ebene die Diskrepanz zwischen einer kaum überschaubaren Fülle an pädagogischen Beratungsangeboten auf der einen Seite und dem Mangel an empirisch gewonnenen Erkenntnissen auf der anderen Seite. Whiston et al. (2011) unterstreichen dies mit Verweis auf die Empfehlungen der ASCA (American School Counselor Association) und weisen explizit auf den Bedarf an evidenzbasierten Leitlinien bzw. Programmen in der Schul- und Bildungsberatung hin.

Mit Blick auf die Zukunftsperspektiven einer stärkenorientierten Schulsozialarbeit ergibt sich ein Plädoyer auf drei Ebenen:

1. Es bedarf einer verstärkten Anstrengung, gemeinsame Aus- und Weiterbildungsprogramme für Lehrkräfte und Schulsozialarbeiter*innen zu entwickeln und zu implementieren.
2. Transdisziplinarität sowie die Entwicklung bzw. der Einsatz von neuen Beratungsformen und Präventionsangeboten stellen wichtige Innovationsfelder für Schulsozialarbeiter*innen dar.
3. Im Bereich der Schulsozialarbeit bedarf es einer verstärkten empirisch fundierten Forschung. Dies sollte – ähnlich wie die Etablierung von Aus- und Weiterbildungsprogrammen – als gemeinsamer Auftrag von Politik, schulischer Praxis und sozialwissenschaftlichen Forschungseinrichtungen – insbesondere von (Fach-)Hochschulen – gesehen werden.

Literatur

Balzer, Lars (2005): Wie werden Evaluationsprojekte erfolgreich? – Ein integrierter theoretischer Ansatz und eine empirische Studie zum Evaluationsprozess. Landau: Verlag Empirische Pädagogik.

Bassarak, Herbert (2017): Schulsozialarbeit studieren: Durch das Zusammenwirken zahlreiche Akteure konnte ein neuer Masterstudiengang geschaffen werden. Blätter der Wohlfahrtspflege, Heft 1, S. 32–35.

Baumert, Jürgen (2002): Deutschland im internationalen Bildungsvergleich. In: Nelson Killius, Jürgen Kluge & Linda Reisch (Hrsg.): Die Zukunft der Bildung (S. 100–150). Frankfurt am Main: Suhrkamp.

Bronfenbrenner, Urie (1979): The Ecology of Human Development: Experiments by Nature and Design. Cambridge, MA: Harvard University Press.

Bronstein, Laura R. (2003): A Model for Interdisciplinary Collaboration. Social Work, 48 (3), S. 297–306.

Bundesministerium für Unterricht, Kunst und Kultur (2012): Suchtprävention in der Schule. Wien: Eigenverlag.

Council of Europe (2016): Competences for Democratic Culture: Living together as Equals in Culturally Diverse Democratic Societies. Strasbourg: Council of Europe Publishing.

Council of Europe (2018): Reference Framework of Competences for Democratic Culture. Band 3. Strasbourg: Council of Europe Publishing.

Crick, Nicki R. & Dodge, Kenneth A. (1994): A Review and Reformulation of Social Information-Processing Mechanisms in Children's social Adjustment. Psychological Bulletin, 115 (1), S. 74–101.

DeGEval (2017): Standards für Evaluation: Erste Revision 2016. Mainz: Eigenverlag. Unter: http://www.degeval.org/degeval-standards/standards-fuer-evaluation/, Zugriff am 18.01.2023.

Dewe, Bernd & Schwarz, Martin P. (2013): Beraten als professionelle Handlung und pädagogisches Phänomen. Hamburg: Kovač.

Drilling, Matthias (2009): Schulsozialarbeit – Antworten auf veränderte Lebenslagen. Bern: Haupt.

Dweck, Carol S. (2002): The Development of Ability Conceptions. In: Allan Wigfield & Jacquelynne Eccles (Hrsg.): Development of Achievement Motivation (S. 57–88). San Diego: Academic Press.

Dweck, Carol S. (2016): Mindset: The New Psychology of Success – How We Can Learn to Fulfil Your Potential. New York: Ballantine Books.

Dweck, Carol S. & Molden, Daniel C. (2005): Self-Theories: Their Impact on Competence Motivation and Acquisition. In: Andrew J. Elliot & Carol S. Dweck (Hrsg.): Handbook of Competence and Motivation (S. 122–139). New York: Guilford.

Engelhardt, Emily M. (2019): Onlineberatung – Digitales Beratungsangebot für Alle? In: Holger Angenent, Birte Heidkamp & David Kergel (Hrsg.): Digital Diversity: Bildung und Lernen im Kontext gesellschaftlicher Transformationen (S. 161–173). Wiesbaden: Springer VS.

Fetterman, David M. (1994): Empowerment Evaluation. Evaluation Practice, 15 (1), S. 1–15.

Galliker Schrott, Bettina, Egger, Sawako, Müller, Caroline, Fabian, Carlo & Drilling, Matthias (2009): Wirkung von Beratung durch die Schulsozialarbeit und sozialer Unterstützung auf die Depressivität und den Selbstwert bei Schülerinnen und Schülern. Zeitschrift für Gesundheitspsychologie, 17 (3), S. 133–137.

Goll, Harald (1996): Transdisziplinarität: Realität in der Praxis, Vision in Forschung und Lehre – oder nur ein neuer Begriff? In: Günther Opp, Andreas Freytag & Ines Budnik (Hrsg.): Heilpädagogik in der Wendezeit: Brüche – Kontinuitäten – Perspektiven (S. 164–174). Luzern: Edition SZH/SPC.

Gollwitzer, Mario & Jäger, Reinhold S. (2014): Evaluation kompakt. Weinheim: Beltz.

Gradinger, Petra, Yanagida, Takuya & Strohmeier Dagmar (2014): Evidenzbasierte Prävention und Intervention. Grundlagen und Anwendung am Beispiel Cybermobbing. In: Torsten Porsch & Stephanie Pieschl (Hrsg.): Neue Medien und deren Schatten. Mediennutzung, Medienwirkung und Medienkompetenz (S. 301–326). Göttingen: Hogrefe.

Gschwandner, Franz, Paulik, Richard, Seyer, Seifried & Schmidbauer, Rainer (2011): Präventionsforschung. In Bundesministerium für Wirtschaft, Familie und Jugend (Hrsg.): Sechster Bericht zur Lage der Jugend in Österreich (S. 323–338). Wien: Offset 3000.

Havighurst, Robert J. (1972): Developmental Tasks and Education. New York: David McKay.

Hostettler, Ueli, Pfiffner, Roger, Ambord, Simone & Brunner, Monique (2020): Schulsozialarbeit in der Schweiz: Angebots-, Kooperations- und Nutzungsformen. Bern: hep Verlag.

Just, Annette (2016): Beratung in der Schulsozialarbeit: Eine kritisch-konstruktive Analyse. Münster: Waxmann.

Kirkpatrick, Donald L. & Kirkpatrick, James D. (2006): Evaluating Training Programs. The Four Levels. San Francisco: Berrett-Koehler.

Kösler, Edgar (2006): Schulberatung. In: Christoph Steinebach (Hrsg.): Handbuch Psychologische Beratung (S. 551–564). Stuttgart: Klett-Cotta.

Kriz, Jürgen (2014): Grundkonzepte der Psychotherapie. Weinheim: Beltz.

Lerner, Richard M., Lerner, Jacqueline V., Bowers, Edmond P. & Geldhof, G. John (2015): Positive Youth Development and Relational-Developmental Systems. In: Willis F. Overton, Peter C. M. Molenaar & Richard M. Lerner (Hrsg.): Handbook of Child Psychology and Developmental Science: Theory and Method (S. 607–651). Hoboken, NJ: Wiley.

Mack, Wolfgang (2017): Non-formale und informelle Bildung in der Schulsozialarbeit. In: Erich Hollenstein, Frank Nieslony, Karten Speck & Thomas Olk (Hrsg.): Handbuch der Schulsozialarbeit. Band 1 (S. 24–32). Weinheim: Beltz Juventa.

Masten, Ann S. (2014): Global Perspectives on Resilience in Children and Youth. Child Development, 85 (1), S. 6–20.

Mueller, Claudia M. & Dweck, Carol S. (1998): Praise for Intelligence Can Undermine Children's Motivation and Performance. Journal of Personality and Social Psychology, 75 (1), S. 33–52.

Niemeyer, Heike (2014): Der Dortmunder Weg – die trägerübergreifende Koordinierungsstelle Schulsozialarbeit im Fachbereich Schule. ARCHIV für Wissenschaft und Praxis der sozialen Arbeit, Heft 1, S. 88–91.

Nußbeck, Susanne (2019): Einführung in die Beratungspsychologie. München: Reinhardt.

OECD (2018): PISA. Preparing our Youth for an Inclusive and Sustainable World. The OECD PISA Global Competence Framework. Paris: Directorate for Education and Skills, OECD.

OGSA – Österreichische Gesellschaft für Soziale Arbeit (2018): AG Schulsozialarbeit. Unter: https://www.ogsa.at/arbeitsgemeinschaften/ag-schulsozialarbeit/, Zugriff am 13.07.2022.

Patton, Michael Quinn (1997): Utilization-Focused Evaluation. Beverly Hills: Sage.

Petzold, Hilarion G. (2004): Integrative Therapie: Modelle, Theorien und Methoden einer schulenübergreifenden Psychotherapie. Paderborn: Junfermann.

Preger, Arno (2008): Interdisziplinarität und Transdisziplinarität in der Sozialen Arbeit: Analyse und Perspektiven. Saarbrücken: VDM.

Preiser, Siegfried & Wagner, Ulrich (2003): Gewaltprävention und Gewaltverminderung. Qualitätskriterien für Präventions- und Interventionsprogramme. Report Psychologie, 28 (11/12), S. 660–666.

Reindl, Richard (2018): Zum Stand der Onlineberatung in Zeiten der Digitalisierung. Fachzeitschrift für Onlineberatung und computervermittelte Kommunikation, 14 (1), S. 16–26. Unter: https://www.e-beratungsjournal.net/, Zugriff am 04.11.2022.

Rubin, Kenneth H. & Rose-Krasnor, Linda (1992): Interpersonal Problem Solving. In: Vincent B. van Hasset & Michel Hersen (Hrsg.): Handbook of Social Development (S. 283–323). New York: Plenum.

Ryan, Richard M. & Deci, Edward L. (2000): Self-Determination Theory and the Facilitation of Intrinsic Motivation, Social Development, and Well-Being. American Psychologist, 55 (1), S. 68–78.

Schmid Noerr, Gunzelin (2021): Ethische Zielkonflikte in der Sozialen Arbeit. Widersprüche bewältigen, Handlungsfähigkeit gewinnen. Stuttgart: Kohlhammer.

Schratz, Michael, Schrittesser, Ilse, Forthuber, Peter, Pahr, Gerhard, Paseka, Angelika & Seel, Andrea (2008): Domänen der Lehrer/innen/professionalität: Rahmen einer kompetenzorientierten Lehrer/innen/bildung. In: Christian Kraler & Michael Schratz (Hrsg.): Wissen erwerben, Kompetenzen entwickeln: Modelle zur kompetenzorientierten Lehrerbildung (S. 123–137). Münster: Waxmann.

Schubert, Franz-Christian, Rohr, Dirk & Zwicker-Pelzer, Renate (2019): Beratung. Grundlagen – Konzepte – Anwendungsfelder. Wiesbaden: Springer VS.

Seithe, Mechthild (1998): Abschlussbericht der wissenschaftlichen Begleitung des Landesprogramms »Jugendarbeit an Thüringer Schulen«. Jena: Bildungswerk für Friedenserziehung und Jugendarbeit.

Speck, Karsten (2020): Schulsozialarbeit: Eine Einführung. München: Reinhardt.

Spiel, Christiane, Wagner, Petra, Götz, Thomas, Lüftenegger, Marko & Schober, Barbara (2022): Bildungspsychologie: Konzeption, Strukturmodell, Stellenwert und Perspektiven. In: Christiane Spiel, Thomas Götz, Petra Wagner, Marko Lüftenegger & Barbara Schober (Hrsg.): Bildungspsychologie: Ein Lehrbuch (S. 11–28). Göttingen: Hogrefe.

Strohmeier, Dagmar (2018a): Suchtprävention in der Schule: Wirksamkeit des clever & cool Programms. In: Marianne Gumpinger (Hrsg.): Sozialarbeitsforschung 2017 (S. 13–63). Pro Mente Verlag: Linz.

Strohmeier, Dagmar (2018b): Förderung interkultureller Kompetenzen in der Schule. In: Andreas Beelmann (Hrsg.): Toleranz und Radikalisierung in Zeiten sozialer Diversität. Beiträge aus Psychologie und Sozialwissenschaften (S. 28–46). Schwalbach am Taunus: Wochenschau Verlag.

Strohmeier, Dagmar, Gradinger, Petra & Wagner, Petra (2017): Intercultural Competence Development among University Students from a Self-Regulated Learning Perspective: Theoretical Model and Measurement. Zeitschrift für Psychologie, 225 (1), S. 85–94.

Strohmeier, Dagmar, Gradinger, Petra & Yanagida, Takuya (2022): The Role of Intrapersonal, Interpersonal, Family and School Level Variables in Predicting Bias-Based Cyber Victimization. Journal of Early Adolescence, 42 (9), 1175–1203.

Strohmeier, Dagmar, Solomontos-Kountouri, Olga, Trip, Simona, Doğan, Aysun & Arënliu, Aliriza (2021): International Implementation of the ViSC Social Competence Programme in Cyprus, Romania, Turkey, and Kosovo. In: Peter K. Smith & James O'Higgins Norman (Hrsg.): The Wiley-Blackwell Handbook of Bullying: A Comprehensive and International Review of Research and Intervention. Band 2 (S. 450–468). Hoboken, NJ: Wiley.

Stüwe, Gerd, Ermel, Nicole & Haupt, Stephanie (2015): Lehrbuch Schulsozialarbeit. Weinheim: Beltz.

Treumann, Klaus Peter, Baacke, Dieter, Haacke, Kirsten, Hugger, Kai-Uwe, Vollbrecht, Ralph & Kurz, Oliver (2002): Medienkompetenz im digitalen Zeitalter. Wie die neuen Medien das Leben und Lernen Erwachsener verändern. Opladen: Leske+Budrich.

Ungar, Michael (2011): The Social Ecology of Resilience: Addressing Contextual and Cultural Ambiguity of a Nascent Construct. American Journal of Orthopsychiatry, 81 (1), S. 1–17.

von Unger, Hella (2014): Partizipative Forschung: Einführung in die Forschungspraxis. Wiesbaden: Springer VS.

Vygotskij, Lev S. (2017): Denken und Sprechen. Psychologische Untersuchungen. Weinheim: Beltz.

Wagner, Petra (2015): Evaluation von Schulsozialarbeit: Ein mehrdimensionaler Forschungszugang. Zeitschrift für Evaluation, 14 (1), S. 7–33.

Wagner, Petra & Kletzl, Johannes (2013): Schulsozialarbeit: Wie kann Kooperation im schulischen Umfeld gelingen? Soziales Kapital, 10, S. 1–16. Unter: http://www.soziales-kapital.at/index.php/sozialeskapital/article/viewFile/282/466.pdf, Zugriff am 18.07.2022.

Wagner, Petra & Kohlfürst, Iris (2022): Bildungspsychologische Beratung. In: Christiane Spiel, Thomas Götz, Petra Wagner, Marko Lüftenegger & Barbara Schober (Hrsg.): Bildungspsychologie: Ein Lehrbuch (S. 261–287). Göttingen: Hogrefe.

Wagner, Petra (2018a): Interdisziplinarität in der Aus- und Weiterbildung von Lehrkräften und Schulsozialarbeit. In: Herbert Bassarak (Hrsg.): Lexikon der Schulsozialarbeit (S. 242–243). Baden-Baden: Nomos.

Wagner, Petra (2018b): Problemlagen und Beratungsbedarf in der Sekundarstufe I aus der Perspektive der Jugendlichen sowie deren Eltern. Zeitschrift für Pädagogik, 64 (2), S. 252–274.

Whiston, Susan C., Tai, Wendi Lee, Rahardja, Daryn & Eder, Kelly (2011): School Counseling Out-Come: A Meta-Analytic Examination of Interventions. Journal of Counseling & Development, 89 (1), S. 37–55.

WHO (1997). Life Skills Education in Schools. Geneva: World Health Organization.

Wottawa, Heinrich & Thierau, Heike (2003): Lehrbuch Evaluation. Bern: Huber.

Wright, Michael T., von Unger, Hella & Block, Martina (2010): Partizipation der Zielgruppe in der Gesundheitsförderung und Prävention. In: Michael T. Wright (Hrsg.): Partizipative Qualitätsentwicklung in der Gesundheitsförderung und Prävention (S. 35–52). Bern: Huber.

Wulfers, Wilfried (1996): Schulsozialarbeit: Ein Beitrag zur Öffnung, Humanisierung und Demokratisierung der Schule. Hamburg: AOL.

Zimmerman, Barry J. (2000): Attaining Self-Regulation. A Social Cognitive Perspective. In: Monique Boekaerts, Paul R. Pintrich & Moshe Zeidner (Hrsg.): Handbook of Self-Regulation (S. 13–39). London, UK: Academic Press.